Dr. Bruce-Michael Dürfeld,
Prof. Dr. Eckhard Rickels

Selbstdiagnose und
Behandlung unterwegs

„In zweifelhaften Fällen entscheide
man sich für das Richtige."

Karl Kraus

Impressum

Dr. Bruce-Michael Dürfeld, Prof. Dr. Eckhard Rickels

Selbstdiagnose und Behandlung unterwegs

erschienen im
REISE KNOW-HOW Verlag Peter Rump GmbH
Osnabrücker Straße 79, 33649 Bielefeld

Wir freuen uns über Kritik, Kommentare und Verbesserungsvorschläge.

Herausgeber: Klaus Werner
© Peter Rump
1. Auflage 2002
Alle Rechte vorbehalten.

Alle Informationen in diesem Buch sind von den Autoren mit größter Sorgfalt gesammelt und vom Lektorat des Verlages gewissenhaft bearbeitet und überprüft worden.

Gestaltung
Umschlag: G. Pawlak, P. Rump (Layout), K. Werner (Realisierung)
Inhalt: G. Pawlak (Layout), K. Werner (Realisierung)
Fotos: A. Wirth (aw), M. Dürfeld (md),
K. Ehrhardt (ke und Umschlag)

Druck und Bindung
Fuldaer Verlagsagentur

ISBN 3-8317-1042-2
Printed in Germany

Da inhaltliche und sachliche Fehler nicht ausgeschlossen werden können, erklärt der Verlag, dass alle Angaben im Sinne der Produkthaftung ohne Garantie erfolgen und dass Verlag wie Autoren keinerlei Verantwortung und Haftung für inhaltliche und sachliche Fehler übernehmen.

Dieses Buch ist erhältlich in jeder Buchhandlung der BRD, Schweiz und Niederlande sowie Österreichs und Belgiens. Bitte informieren Sie Ihren Buchhändler über folgende Bezugsadressen:

BRD
Prolit GmbH, Postfach 9, 35461 Fernwald (Annerod)
sowie alle Barsortimente
Schweiz
AVA-buch 2000, Postfach 27, CH-8910 Affoltern
Österreich
Mohr Morawa Buchvertrieb GmbH
Sulzengasse 2, A-1230 Wien
Niederlande, Belgien
Willems Adventure
Postbus 403, NL-3140 AK Maassluis

Die Nennung von Firmen und ihren Produkten und ihre Reihenfolge sind als Beispiel ohne Wertung gegenüber anderen anzusehen. Qualitäts- und Quantitätsangaben sind rein subjektive Einschätzungen der Autoren und dienen keinesfalls der Bewertung von Firmen oder Produkten.

Wer im Buchhandel trotzdem kein Glück hat, bekommt unsere Bücher direkt bei: **Rump Direktversand**, Heidekampstraße 18, D-49809 Lingen (Ems) oder über unseren **Büchershop im Internet: www.reise-know-how.de**

Dr. Bruce-Michael Dürfeld,
Prof. Dr. Eckhard Rickels

Selbstdiagnose und Behandlung unterwegs

INHALT

INHALT

Vorwort

Die Reisewelle boomt: Trekking im Himalaja, Wanderungen in der Antarktis, Bootsfahrten in Borneo und Stammesbesuche in Neuguinea waren sicherlich vor 20 Jahren etwas für Entdecker und Missionare, heute sind dies keine so ungewöhnlichen Reiseziele mehr. Aber auch, wenn es etwas weniger exotisch sein darf, bleibt für viele die Frage nach der Gesundheit auf Reisen ein entscheidender Faktor.

Üblicherweise bieten Gesundheitsratgeber eine Therapie an und setzen voraus, dass man die Diagnose bereits gestellt hat, also die Erkrankung benennen kann. Das vorliegende Buch setzt einen Schritt früher an. Es hilft, bei einem offensichtlichen medizinischen Problem durch einfache diagnostische Überlegungen, die konkrete Erkrankung zu erkennen. Abhängig von der Diagnose wird die Bedrohlichkeit der Erkrankung eingeschätzt und werden Therapiemöglichkeiten aufgezeigt.

Selbstverständlich ist ein durch Medizinstudium und jahrelange Berufspraxis erworbenes Wissen nicht durch ein Kompendium dieses Umfangs zu ersetzen.

Hieraus folgt, dass das vorliegende Büchlein ein Helfer in Notsituationen sein soll, wenn der Reisende auf sich allein gestellt ist oder das Hinzuziehen örtlicher Helfer das größere Risiko bedeutet. Seien Sie sich der Verantwortung bei der (Selbst-)Behandlung gesundheitlicher Probleme bewusst! Berücksichtigen Sie insbesondere das Umfeld, in dem Sie (laien-)medizinisch agieren. Im Dschungel von Borneo wird man Ihre Hilfe dankbarer annehmen und auch über Fehlentscheidungen großzügiger hinwegsehen, als in einer Stadt wie Hongkong, wo High-Tech-Medizin zugänglich ist. Bei gravierenden Fehlentscheidungen kann aus dem dankbaren Gruppenmitglied vor Ort leicht ein unerbittlicher Prozessgegner im Heimatland werden! Sichern Sie sich daher ausreichend ab, indem Sie über Ihren eigenen Laienstatus und auch mögliche Risiken und Nebenwirkungen Ihrer Maßnahmen aufklären.

Diese Anmerkung gilt gleichermaßen für das vorliegende Buch. Alle Tabellen, Flussdiagramme und die dort eingearbeitete Logik der Diagnosestellung sind nach bestem Wissen und langjähriger Erfahrung zweier Ärzte und Reisebegeisterter formuliert. Dennoch sind Irrtümer möglich, wenn nicht sogar zwangsläufig, und nur durch kritische Distanz zu den eigenen Möglichkeiten vermeidbar. Medizin ist eine Wissenschaft in stetiger Veränderung. Was heute Lehrmeinung ist, gilt morgen als überholt.

In diesem Sinne möchte das Büchlein Ihnen verlässlichen Rat bei der Findung einer Verdachtsdiagnose, der Einschätzung der Bedrohlichkeit von Gesundheitsstörungen und Einleitung erster Therapiemaßnahmen geben. Für Kritik und Anregungen sind wir jederzeit dankbar.

Dr. Bruce-Michael Dürfeld,
Prof. Dr. Eckhard Rickels

Danksagung

Unser besonderer Dank gilt Frau Dr. Cemile Ertan, die die hautärztlichen Kapitel verfasste und dem Herausgeber Klaus Werner für die konstruktive Kritik und die unermüdliche Hilfe bei der Erstellung dieses Buches.

Zum Gebrauch des Buches

Dies ist ein Buch für medizinische Laien. Der Text verzichtet weitgehend auf **lateinische Bezeichnungen.** Bei bestimmten Begriffen (z. B. Pneumothorax: Luft im Rippenfellzwischenraum mit Zusammenfallen der Lunge) ist dies jedoch nicht möglich oder sinnvoll. Auftauchende lateinische Begriffe erklären sich aus dem Umfeld.

Da die **Handelsnamen von Medikamenten** von Land zu Land unterschiedlich sein können, werden im Buch zunächst die bei Arzneimitteln international gebräuchlichen Freinamen, z. B. Omeprazol genannt. Dahinter folgt ein beispielhaft zu verstehender Handelsname, z. B. Antra®. Die angegebenen **Dosierungen** sind stets mit dem Beipackzettel abzugleichen.

Nach den einleitenden Kapiteln zur allgemeinen medizinischen Krankheitsvorbeugung und einer Anleitung zur körperlichen Untersuchung für Laien folgen die nach **Krankheitszeichen** gegliederten Hauptkapitel. Darin wird der Reisende von einem Hauptsymptom zur

Verdachtsdiagnose geleitet. Sollte das Hauptkrankheitszeichen hier nicht auftauchen, finden sich Verweise auf das entsprechende Kapitel. Außerdem sind die Begriffe im Register aufgeführt. Es konnte jedoch nicht jedes denkbare Symptom in das Buch aufgenommen werden. Bitte lesen Sie das Hauptkapitel „Notfälle und Reanimation" vor der Reise!

Um dem Reisenden eine schnelle Einschätzung des **Risikos seiner Ersttherapie** zu ermöglichen, sind die entsprechenden Anweisungen farblich abgestuft. Hierbei bedeuten:

Schwarz: Nützliche, vom Laien bedenkenlos anwendbare Therapie, z. B. Verband, einmalige Einnahme einer Kopfschmerztablette.

Gelb: In der Regel medikamentöse Therapie mit Substanzen, die bei entsprechender Vorsicht auch vom Laien angewandt werden können, z. B. Antibiotika-Therapie einer vermuteten Lungenentzündung. Gelb unterlegte Maßnahmen erfordern immer ein besonderes Nachdenken.

Rot: Therapie, die sonst nur vom Arzt durchgeführt wird und nur in bedrohlichen Ausnahmesituationen vom Laien angewandt werden sollte.

Diese Farbunterlegung ist jeweils in Zusammenschau mit den anderen Therapiemöglichkeiten graduiert. So kann es passieren, dass eine Maßnahme in einem bestimmten Kontext gelb und in einem anderen rot bewertet wird.

Im Text werden folgende **Sonderzeichen** verwendet:

↗ für Verweise auf Kapitel oder Textstellen mit weiter gehenden Informationen,
➡ für Schlussfolgerungen oder Handlungsanweisungen.

Die zehn wichtigsten **Medikamente** der Reiseapotheke erlauben nahezu die Beherrschung aller im Urlaub auftretenden gängigen Situationen. Es sind aber in den einzelnen Kapiteln auch Medikamente für die spezifische Diagnose erwähnt worden, um dem Reisenden die Möglichkeit zu geben, vor Ort mit einem speziellen Präparat gezielt zu helfen.

Rechtliche Hinweise

⚠ **Dies ist nur ein Helfer für Notsituationen.** Das Buch ersetzt keinen Hausarzt. Die staatlich geregelte Ausbildung und die jahrelange Erfahrung bringt Medizinern ein Mehr an Wissen, das durch den Kauf eines Buches von 200 Seiten nicht kompensiert werden kann.

⚠ Es ist sinnvoll, sich vor der Reise Gedanken über die **gesundheitliche Gefährdung im Reiseland** zu machen (siehe Kapitel „Vorbeugung, ...").

⚠ **Kein falsches Sicherheitsgefühl!** Der hier beschriebene Weg der Diagnosefindung ist der Normalfall. Es wird immer auch den Sonderfall geben, wo alles genau anders ist, als hier aufgezeigt.

⚠ **Sie übernehmen bei der Behandlung anderer eine große Verantwortung.** Ihre Entscheidungen anhand Ihrer Diagnose können falsch sein: Haben Sie zum Abbruch der Tour geraten und es handelte sich in Wirklichkeit um eine Kleinigkeit, so gibt es mit der Gruppe Ärger. Raten Sie zum Weitermachen und der Patient stirbt, kann das Probleme auslösen.

⚠ **Beachten Sie die rechtlichen Konsequenzen!** Ein Eingriff in die körperliche Unversehrtheit durch Nadel oder Messer ist nach deutschem Recht eine gefährliche Körperverletzung und wird nur durch die Einwilligung des Patienten abgedeckt. Die Gabe von verschreibungspflichtigen Medikamenten ist nach deutschem Recht nur dem approbierten Arzt erlaubt. Helfen Sie und es geht allen gut, sind Sie der Held. Kommt es zu Komplikationen, sieht dies vielleicht anders aus. Vieles, was es bei uns nur auf Rezept gibt, können Sie im Ausland im Supermarkt kaufen. In der Notsituation im Urwald in Borneo fragt niemand nach mitteleuropäischen Bestimmungen, also erwartet Sie auch kein Ärger im Reiseland. Nach der Rückkehr und bei Komplikationen kann sich dies ändern. Aus dem dankbaren Reisepartner vor Ort kann aus welchen Gründen auch immer ein Prozessgegner werden.

⚠ **Sichern Sie sich ab.** Klären Sie unter Zeugen über die Risiken und Nebenwirkungen (Beipackzettel) Ihrer Maßnahmen auf. Weisen Sie auf die Notsituation hin.

⚠ **Nach deutschem Recht ist jeder in einer Notsituation zur Hilfeleistung entsprechend seinen Möglichkeiten und Kenntnissen verpflichtet.**

Vorbeugung, Tropen- und Reisekrankheiten

Überlegungen vor der Reise

Eine Risikoeingrenzung setzt voraus, dass man sich vor der Reise mit den abschätzbaren Problemen auseinandersetzt. Vor der Reise sollte man sich deshalb folgende Fragen stellen:

- Welche Erkrankungen habe ich?
- Welche Medikamente nehme ich?
- Was bedeutet die Zeitverschiebung für die Einnahme? Übrigens: Auch die „Pille" ist ein Medikament.
- Würde ich diese Reise körperlich durchhalten, wenn sie in Europa stattfände?
- Werde ich auch die Reise durchhalten, wenn zusätzliche Belastungen durch das Klima hinzukommen?
- Welche speziellen Belastungen werden auf mich zukommen: Kälte, Hitze, feucht-heißes Klima, Atemprobleme ab 2000 m Höhe, Tiere, in dieser Gegend bekannte Infektionskrankheiten?
- Sind die Strapazen auch einem alten Menschen oder einem Kleinkind zuzumuten? Eine kleine Magen-Darm-Infektion führt zum Brechdurchfall, der beim 30jährigen Normal-Mitteleuropäer das Wohlbefinden beeinträchtigt, bei einem Kleinkind aber in kurzer Zeit wegen des Flüssigkeitsverlustes eine akute Gefahr darstellt.

Impfungen

 Vor der Reise sollten Sie Ihren Impfstatus klären!

Schutzimpfungen werden von den Behörden der bereisten Länder immer weniger verlangt. Trotzdem macht es Sinn, den eigenen Impfstatus zu überdenken und gegebenenfalls vorbeugend zu wirken. Die Gefahr von Infektionen ist für den Touristen gering, für den Abenteuerreisenden höher einzuschätzen.

Gelbfieber

Gelbfieber kommt in Afrika beidseits des Äquators und im tropischen Südamerika vor. Gelbfieber ist eine Viruskrankheit und hat ein Krank-

Gelbfiebergebiete in Lateinamerika

Nach Angaben der WHO, Stand 2001

heitsbild, das von grippeähnlichen Krankheitsverläufen bis zum Leber- und Nierenversagen und zu Blutungen reicht. Den von der Weltgesundheitsorganisation (WHO) zertifizierten Stellen ist die Gelbfieber-Impfung erlaubt. Diese Impfung bietet einen ca. 10-jährigen Schutz.

Wundstarrkrampf (Tetanus)

Der Wundstarrkrampf kommt überall vor. Die Aufnahme in den Körper geschieht über verschmutze Wunden. Der sich nach 2 Wochen entwickelnde Krankheitsverlauf verursacht ca. 500.000 Tote pro Jahr

Gelbfiebergebiete in Afrika

Nach Angaben der WHO, Stand 2001

840sd

in der Welt. Der Keim (Clostridium tetani) bildet Toxine (Gifte), die an der Verbindungsstelle von Nerven zum Muskel angreifen, es kommt zu Übererregungszuständen mit generalisierten Muskelkrämpfen. Typisch ist die Kiefersperre, der Mund kann nicht mehr aufgemacht werden. Diese äußerst schmerzhaften Krämpfe können aber auch die Schlund- und Atemmuskulatur befallen. Eine solche Infektion kann zwar überall geschehen, aber das Krankheitsbild kommt in Entwicklungsländern deutlich häufiger als bei uns vor. Eine aggressive Intensivtherapie mit Antibiotikagabe und Beatmung erhöht die Überlebenschancen, ist aber in der Dritten Welt kaum verfügbar. Deshalb ist eine ausreichende Tetanusprophylaxe schon in Europa ein Muss, in tropischen Ländern aber unabdingbar.

Kinderlähmung (Polio-Myelitis)

Die Kinderlähmung ist in Europa dank der Impfpolitik fast ausgerottet, stellt aber in vielen Ländern der Dritten Welt (z. B. in Indien) eine alltägliche Virus-Erkrankung dar. Dementsprechend gibt es dort viele Infektionsträger, welche die Krankheit durchgemacht haben, nicht krank sind, aber die Krankheit über Tröpfchen beim Sprechen oder Niesen übertragen können. Die Krankheit erscheint in ihrer abgeschwächten Form als eine Art Grippe. In der bedrohlichen Variante kommt es nach einer Inkubationszeit von 7–14 Tagen zu Lähmungserscheinungen, die bleiben können, bis hin zu Atemstörungen.

Da keine ursächliche Behandlung der Erkrankung möglich ist, sollte man sich vor der Reise unbedingt um eine (Auffrischungs-) Impfung kümmern.

Tollwut (Rabies)

Der Biss durch ein wildes Tier oder der unmotivierte Biss durch ein Haustier ist verdächtig auf Tollwut. Dies gilt in Europa und erst recht in der Dritten Welt. Das beim Biss übertragene Virus zerstört nach einer Inkubationszeit von 10 Tagen bis 1 Jahr das Gehirn. Unruhezustände, Muskelkrämpfe mit Verkrampfungen der Schluckmuskulatur und damit Unfähigkeit zu Trinken kennzeichnen das unheilbare Krankheitsbild. Es gibt eine vorbeugende Impfung. Sollte ein Biss oder eine andere Verletzung durch ein Tier erfolgt sein, ist nach der Wundreinigung mit Wasser und Seife und Desinfektion eine Impfung mit einem menschlichen Immunglobulin und dem Impfstoff vorzunehmen. Dies muss unter ärztlicher Kontrolle erfolgen.

Impfschema für eine Auslandreise

- ❑ **Ca. 4 Wochen vor der Reise:** Gelbfieber und gegebenenfalls Choleraimpfung.
- ❑ **21 Tage vorher:** eine Hepatitis A+B-Impfung (als Kombinationsimpfung).
- ❑ **14 Tage vor der Reise:** Polio und Tetanus Auffrischung.
- ❑ **Kurz vor dem Abflug** wird dann mit der Malariaprophylaxe begonnen(➚Tropenkrankheiten).

Tropenkrankheiten

Malaria

Im Gegensatz zu den übrigen Tropenkrankheiten ist die Malaria auch eine (Lebens-)Bedrohung für den Touristen. Derzeit rechnet man mit ca. 1000 Erkrankungen bei Rückkehrern von Fernreisen. Während die Einwohner in den Endemiegebieten eine Teilimmunität haben, gilt dies natürlich nicht für den Touristen.

Übertragung

Die Plasmodien, spezielle Einzeller, die eigentlichen Krankheitserreger, werden mit dem Speichel beim Stechen durch die weibliche Anopheles-Mücke übertragen. Die Plasmodien dringen in die Leber ein, vermehren sich dort, gelangen dann in die roten Blutkörperchen und vermehren sich dort weiter. Hierbei zerfallen die roten Blutkörperchen und lösen Fieber aus.

Krankheitszeichen

Vom Stich bis zur ersten Fieberattacke vergehen bei der Malaria tropica 7 bis 14 Tage, bei der Malaria tertiana bis 3 Wochen.

Grippeähnliche Beschwerden, Fieber, Schüttelfrost, dann regelmäßiges Fieber am dritten oder vierten Tag (Malaria tertiana, quartana), bei der Malaria tropica kann es zu anhaltendem Fieber oder täglichen Fieberschüben kommen. Die Malaria kann auch viele andere Symptome zeigen, z. B. Durchfälle, Gelbsucht, Milz- und Lebervergrößerungen, Herzschwäche, Nierenentzündungen, aber auch Bewusstseinsstörungen bis zum Koma.

Diagnose

Die Diagnose erfolgt im „Dicken Tropfen", das meint einen Blutausstrich, der unter dem Mikroskop betrachtet wird.

Bedrohlichkeit

Malaria ist eine bedrohliche Erkrankung. Insbesondere die Malaria tropica erfordert eine Notfall-Behandlung, die unter stationären Bedingungen zu erfolgen hat. Ist kein Arzt innerhalb der nächsten Tage aufsuchbar, ist im Zweifelsfall eine Selbsttherapie angebracht.

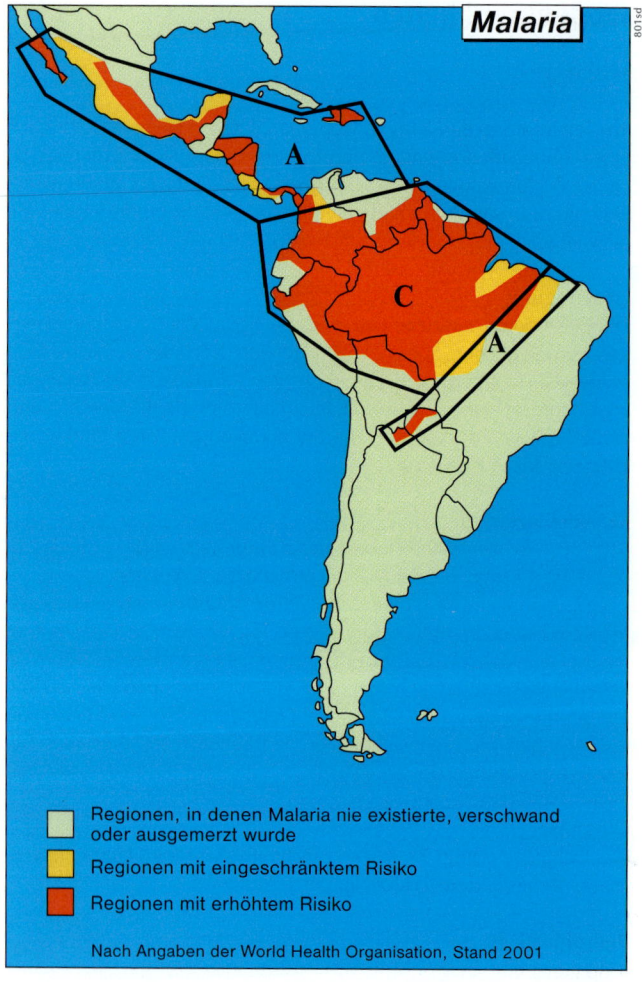

Malaria

Regionen, in denen Malaria nie existierte, verschwand oder ausgemerzt wurde

Regionen mit eingeschränktem Risiko

Regionen mit erhöhtem Risiko

Nach Angaben der World Health Organisation, Stand 2001

Behandlung

Die Behandlung der akuten Malaria tropica erfolgt mit Mefloquin (Lariam®) oder Halofantrin (Halfan®) oder Chinin-Infusion. Neu zugelassen in Deutschland ist auch Arthemeter/Lumefantrin (Riamet®).

+ Gebiete ohne Chloroquin-(Resochin®)-Resistenz: Therapiebeginn 10 mg Resochin® pro kg Körpergewicht (bei 70 kg also 700 mg). Eine Tablette Resochin® enthält 150 mg. Therapiebeginn also mit 5 Tab.! Nach 6 Std. 5 mg Resochin® pro kg Körpergewicht, nach 24 Std. Wiederholung und nochmals nach 48 Std.

Neu ist **Malarone®** (Kombination von Atoquavone/Proguanil) für die Behandlung der unkomplizierten Malaria tropica. Dosierung 1 x 4 Tbl. für 3 Tage. Als Nebenwirkungen sind beschrieben worden: Kopfschmerzen, Bauchschmerzen und Durchfälle aber auch Blutbildungsstörungen und Hautausschlag.

+ Gebiete mit Chloroquin-Resistenz: Therapie mit Mefloquin (Lariam®). Eine Tablette enthält 250 mg. Therapiebeginn mit 750 mg, nach 6 Std. 500 mg, nach 12 Std. 250 mg oder Halofantrin 500 mg sofort, nach 6 Stunden und nach weiteren 6 Stunden.

Nebenwirkung von Mefloquin sind Kreislaufstörungen, Blutbildungsstörungen, Schlaflosigkeit, epileptische Anfälle, Psychosen und Depressionen. Dies ist insbesondere zu bedenken, wenn auf einer Reise nach Einnahme von Mefloquin unklare psychische Veränderungen auftreten!

Nebenwirkung von Halofantrin sind Herzrhythmusstörungen.

Vorbeugung

Wichtiger als die Akut-Behandlung ist die Vorbeugung:

- Die Nacht sollte unter einem Moskito-Netz, das unter die Matratze gesteckt wird und keine Löcher hat, verbracht werden.
- Bedeckte Beine und Arme bieten einen Schutz. Dunkle Kleidung zieht Moskitos an.
- So genannte Mücken abwehrende Mittel (Repellents), z. B. Autan®, bieten eine weitere Hilfe.
- Während der Dämmerung Aufenthalt im Freien einschränken.

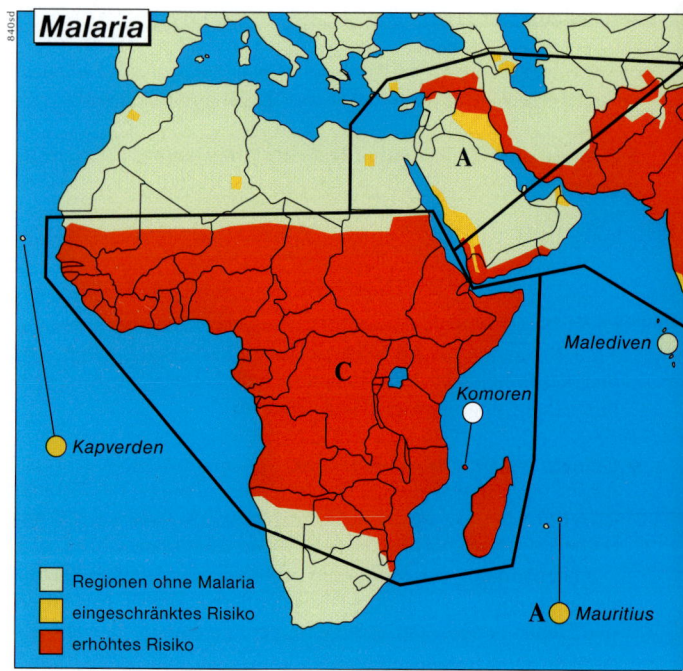

Malaria

840sd

A

Malediven

Komoren

Kapverden

C

Mauritius

A

- Regionen ohne Malaria
- eingeschränktes Risiko
- erhöhtes Risiko

Welches Prophylaxemittel nimmt man?

Die WHO veröffentlicht regelmäßig eine Karte (z.B. im Internet: www.who.int/m/topics/malaria/en/index.html), die Malaria-Gebiete in A-, B-, C-Regionen einteilt.

- **A-Region** bedeutet: In diesem Gebiet ist keine Chloroquin-Resistenz zu erwarten.
- **B-Region** bedeutet: Chloroquin-Resistenz. Hier wird eine Kombinationsprophylaxe mit Chloroquin plus Proguanil empfohlen.
- **C-Region** bedeutet: Es herrscht eine absolute Resistenz gegen Chloroquin und es gibt auch Multi-Resistenzen, d. h. evtl. auch Mefloquin-Resistenzen. Lariam® oder auch Malarone® sind hier empfohlene Prophylaxe-Mittel.

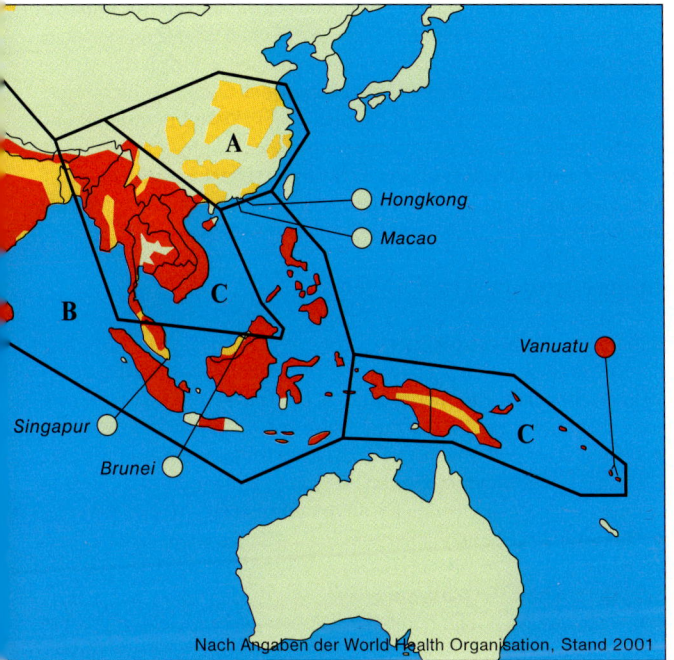

Nach Angaben der World Health Organisation, Stand 2001

Medikamente zur Prophylaxe:

- Chloroquin: 300 mg pro Woche.
- Proguanil: 200 mg pro Tag.
- Mefloquin: 250 mg (1 Tbl.) pro Woche
- Malarone®: 1 Tbl täglich

Vorbeugung heißt Beginn der Einnahme vor der Einreise und Fortführen der Einnahme laut Beipackzettel über die Zeit im Risikogebiet hinaus.

Die Durchführung einer Malariaprophylaxe ist immer auch eine subjektive Entscheidung des Reisenden. Aus schulmedizinischer Sicht ist eine Prophylaxe bei Reisen in Risikogebiete immer empfehlenswert. Vor dem Hintergrund zunehmender **Resistenzen der Malaria-erreger** ist aber ebenfalls vor einem unkritischen Einsatz dieser Medikamente zu warnen. Bei diesem Dilemma spielt natürlich die Art des Urlaubs – Shopping-Tour in Hongkong oder Dschungeldurchquerung – ebenso eine Rolle wie die persönliche Risikobereitschaft und das Auftreten von Nebenwirkungen unter der Prophylaxe.

Malariamittel während der Schwangerschaft verursachen Risiken. Deshalb ist im Zeitraum der Prophylaxe ein Empfängnisschutz anzuraten.

Andere Tropenerkrankungen

Bilharziose (Schistosomiasis)

Die Bilharziose ist eine Erkrankung durch Pärchenegel, die durch Wasserschnecken übertragen werden. Die Egel setzen sich in den Venen von Leber, Lunge, Blase oder Darm fest.

- **Prophylaxe:** Vorbeugend sollte der Kontakt mit Süßwasser (Teiche, Bäche ...) vermieden werden. Wer z. B. Süßwasser durchwaten muss, sollte die Beine danach sofort abtrocknen.
- **Therapie:** Praziquantel Biltricide® 40 mg/kg Gewicht, Einmalgabe.

Schlafkrankheit (Trypanosomiasis)

Die Übertragung erfolgt durch die Tsetsefliege. Eine Gefährdung besteht in den Gebieten südlich der Sahara, mit Ausnahme des Südens Namibias und Südafrikas. Nach dem Stich kommt es zu einer schmerzenden Schwellung, es folgt Fieber und eine Lymphknotenschwellung. Später tritt eine Gehirnhautentzündung auf. Es gibt auch eine latein-amerikanische Form der Schlafkrankheit, die durch eine Wanzenart übertragen wird.

- **Prophylaxe:** angepasste Kleidung mit dichtem Gewebe, langärmelige Hemden, Moskitonetz, Repellents
- **Therapie bei afrikanischer Trypanosomiasis:** Melarsoprol, Suramin und Pentamidin sind geeignete Substanzen zur Behandlung. Alle müssen intravenös verabreicht werden und haben zahlreiche Nebenwirkungen, so dass ein Arzt konsultiert werden muss.
- **Therapie bei amerikanischer Trypanosomiasis:** Nifurtimox Tbl. (Bayer2502®) ist verschreibungspflichtig und muss vom Arzt in der Dosis angepasst werden.

Leishmaniosen

Leishmaniosen werden in einigen kleinen Gebieten Afrikas, in denen der Erreger endemisch (heimisch) ist, sowie in wenigen Gebieten der Ostküste Brasiliens durch einen Stich einer Schmetterlingsmücke übertragen. Nach Tagen, aber auch wesentlich später kommt es dann zu unklarem Fieber, Milz- und Lebervergrößerung, Gewichtsverlust. Sporadisch findet sich die Leishmaniose in Mittelafrika und in ganz Südamerika beidseits des Äquators. Eine Sonderform findet sich als **Orientbeule** als schmerzloses Hautgeschwür insbesondere in der Türkei und dem Nahen Osten.

● **Prophylaxe:**
❏ Wenn möglich keine Übernachtung unter freiem Himmel
❏ Tragen langärmeliger Hemden und langer Hosen
❏ Schlafen unter Moskitonetzen
❏ Repellents benutzen

✚ **Therapie:** Wirksam sind Antimonpräparate. Da diese intravenös verabreicht werden, muss ein Arzt konsultiert werden.

Dengue-Fieber

Das Dengue-Fieber ist eine Viruserkrankung, die durch Moskitos übertragen wird. Die Moskitos brüten in kleinsten Wasserlöchern, also auch in Großstädten. Heimisch ist das Dengue-Fieber in Südostasien, der Karibik und im Pazifik. Es ist eines der häufigsten Erkrankungen, die man sich bei Reisen in die Tropen zuziehen kann.

Der klassische Verlauf ähnelt einer „Grippe" mit ↗Fieber, Kopf- und Gliederschmerzen sowie körperlicher Hinfälligkeit. Es gibt auch schwere Verläufe mit Blutungen und ↗Schock. In der Anfangsphase lässt sich Dengue-Fieber kaum von Malaria unterscheiden.

● **Prophylaxe:** Schutz vor Mückenstichen durch Repellents und Moskitonetze.

✚ **Therapie:**
✚ Es gibt keine ursächliche Behandlung.
✚ Bettruhe.
✚ Fiebersenkung mit Novalgin®, 25 Trpf. bei Bedarf. Kein ASS.

Lepra

Lepra stellt für den Touristen keine Gefahr dar, auch nicht beim Kontakt mit Betroffenen, da die Ausbreitung von der Abwehrlage des Or-

Tropen-, Reisekrankheiten

ganismus abhängig ist. Die Haut und Nerven verändernde Krankheit ist gut behandelbar.

Wurmerkrankungen

Bis zu 50 % der Bevölkerung in einigen tropischen Ländern sind mit Würmern infiziert. Das Risiko für den Normal-Touristen ist jedoch sehr gering. Abenteuerreisende und Entwicklungshelfer sind jedoch eher gefährdet (bis 3 %). Hakenwürmer finden sich im Boden und werden beim Barfußgehen übertragen.

Spulwürmer, Peitschenwürmer, Zwergfadenwürmer, Madenwürmer und Zwergbandwurm werden durch Unsauberkeit übertragen, aber auch der durch rohes Fleisch übertragene Rinder- und Schweinebandwurm und die Trichinen sowie der durch Hunde übertragene Hundebandwurm verursachen Erkrankungen, die auch in Europa auftreten können. Für die Reise spielen sie keine Rolle, da die Zeit bis zum Krankheitsausbruch sehr lang ist. Sollten aber nach der Reise unspezifische Krankheitszeichen auftreten, so sollte man den Arzt über die Reise informieren und es sollte gezielt auf Würmer untersucht werden.

Leichtere Reise-Erkrankungen

Der grippale Infekt

- **Anzeichen:** leichtes Fieber, Mattigkeit, Husten, Gliederschmerzen
- **Therapie:** Ausschwitzen, Ruhe, heißes Bad, Paracetamol, ASS, Novalgin®, Grippemittel

Schnupfen

- **Therapie:** Nasentropfen (z. B. Nasivin®)

Halsschmerzen

- **Therapie:** viel Trinken, ASS, Rachenspüllösungen

Ohrenschmerzen

Beim Flug häufig schlucken, Bonbons lutschen.
+ **Therapie:** Wenn keine Ohrentropfen vorhanden sind: Nasentropfen ins Ohr. Wenn zusätzlich Fieber auftritt: auch Antibiotika-Therapie (Ciprobay®)

Schlafstörungen

Zusätzliche Ursache auf Reisen ist die Zeitverschiebung. Auf Schlafmittel sollte verzichtet werden. Schnellste Umstellung: Beim Betreten des Flugzeugs die Uhr auf die Ortszeit des Ankunftsortes einstellen und versuchen in dessen Tagesrhythmus zu leben. Kein weiterer Behandlungsbedarf, da der Körper sich in kurzer Zeit adaptiert.

Schwächeanfall

In warmen engen Räumen wie Schalterhallen, Omnibussen oder Ähnlichem kommt es zu Schwächegefühlen, Schweregefühl in den Beinen, kaltschweißiger Haut, Schwarz-Werden vor den Augen und dann zur Ohnmacht.
+ **Therapie:** An Ort und Stelle hinlegen, Beine hochhalten und Abwarten, Öffnen beengender Kleidungsstücke und Verbesserung der Luftzufuhr. Nach kurzer Zeit werden die Beschwerden verschwinden.

Reisekrankheit (Erbrechen und Übelkeit)

● **Prophylaxe:** Fixieren des Horizonts, Ablenkung durch Aktivität und Konzentration
+ **Therapie:** Reisetabletten, Vomex A®, Paspertin®

Flugreisen

In modernen Flugzeugen wird ein Luftdruck eingestellt, der einer Höhe von mehr als 2000 m Höhe entspricht. Die Sauerstoffsättigung des Blutes sinkt von ca. 98 % auf 90 %. Luftfeuchtigkeit und Zufuhr von Frischluft in den Druckkabinen der Flugzeuge sind minimal. Das lange Sitzen in engen unbequemen Sitzen mit angewinkelten Beinen ist ein bekannter Auslöser für Beinvenenthrombosen und erhöht die Gefahr der Embolie (sog. Economy-Class-Syndrom).

● **Prophylaxe:** Viel gehen im Gang und Durchbewegen der Glieder auch im Sitzen. Ist eine Venenerkrankung oder abgelaufene Thrombose bekannt, sind Stützstrümpfe und eine Spritze eines sog. niedermolekularen Heparins vor dem Flug zu empfehlen.

Einnahme von Medikamenten (z.B. Pille) bei Zeitverschiebung

Für die „Pille" und andere Dauermedikamente muss wegen der Zeitverschiebung ein Einnahme-Plan mit dem Hausarzt entwickelt werden bzw. muss man sich darüber klar werden, dass die Zeitverschiebung hier zu einem Loch in der Wirksamkeit führt.

Bei Kombinationspräparaten ist ein sicherer Verhütungsschutz gewährleistet, wenn zwischen den Einnahmen nicht mehr als 36 Stunden liegen. Beträgt die Zeitverschiebung während der Reise nicht mehr als 12 Stunden, kann am Urlaubsort die Pille im gewohnten Rhythmus eingenommen werden.

Bei einer Zeitverschiebung von mehr als 12 Stunden ist die Einnahme einer „Zwischenpille" nach 12 Stunden Reisezeit und dann eine weitere Einnahme zu gewohnter Zeit zu empfehlen. Bei der Minipille ist das Toleranzintervall für die Einnahme nur 3 Stunden. Auch hier ist eine Zwischenpille nach spätestens 27 Stunden anzuraten und dann der Übergang in den normalen Rhythmus.

> ⚠ **Hormonpräparate sind temperaturempfindlich.** Außerdem nimmt die Sicherheit der Verhütung bei Durchfall oder Erbrechen ab, da die Aufnahme in den Körper nicht sichergestellt ist. Dann muss zu anderen Verhütungsmitteln gegriffen werden.

Hitzeschäden

Schädigungen des Organismus durch zu große Hitze sind ein häufiges Problem auf Reisen. Die meisten dieser Probleme sind verhaltensbedingt und daher vermeidbar.

Begriff

Unter Hitzeschäden versteht man die Schädigung des Körpers, die eintritt, wenn die Temperaturregulation des Körpers bei hoher Umgebungstemperatur überfordert wird.

Ursachen

Wenn entweder bei länger dauernder Hitzeeinwirkung (z. B. über Tage ausschließliches Sonnenbaden) oder bei starker körperlicher Anstrengung (über Stunden, z. B. Sport in der Mittagshitze) der Körper stark schwitzt, kommt es zu Flüssigkeits- und Blutsalzverlusten.

Die körpereigene Verdunstung stellt einen der wichtigsten Faktoren der Abgabe von Körperwärme dar. Sie ist abhängig von der relativen Luftfeuchtigkeit. Bei hoher Luftfeuchtigkeit kann weniger Wärme abgegeben werden als bei trockenem Klima. Daher ist bei hoher Luftfeuchtigkeit das Risiko einer Hitzeschädigung besonders groß.

Besonders anfällig für Hitzeschädigungen sind alte Menschen, Übergewichtige und Reisende, die viel Alkohol trinken. Der nicht selten zu beobachtende Tropenreisende, der den Vormittag sonnenbadend verlebt, mittags Tennis spielt und danach mit einigen Cuba libre feiert, setzt sich also gleich mehrfach einem besonderen Risiko aus.

Vorbeugung

- Keine übermäßige körperliche Anstrengung in großer Hitze.
- Keine beengende, sondern luftige Kleidung.
- Regelmäßig – mindestens jede Stunde – Flüssigkeit trinken. Nicht auf den Durst warten!
- Leicht salzige Getränke sind der Einnahme von Salztabletten vorzuziehen.
- Vorsicht mit Alkohol bei großer Hitze.

Tropen-, Reisekrankheiten

	Hitzeerschöpfung
Alarmsignale	*Durst, Schwäche, Übelkeit, starkes Schwitzen Kopfschmerzen, Schwindel,*
Symptome	*blasse feuchte Haut, schwacher, langsamer Puls, Ohnmacht*
Therapie	*Flachlagerung oder Kopf-Tief-Lagerung, alle 5 Minuten leicht salzige Flüssigkeit trinken lassen*
Folgen	*Prognose gut*

Krankheitszeichen

Es werden drei verschiedene Schädigungsarten durch Hitze unterschieden:

- **Hitzekollaps, Hitzeerschöpfung:** Durch ein Überschreiten der individuellen Hitzeverträglichkeit kommt es zum Kreislaufversagen.
- **Hitzschlag:** Bei starker äußerer Hitze und verminderter Wärmeabgabe (hohe Luftfeuchtigkeit!) kommt es zu der akuten schwersten Form der Hitzeschädigung. Der Hitzschlag kann aus einem Hitzekollaps hervorgehen.
- **Hitzekrämpfe:** Muskelkrämpfe als Folge schwerer körperlicher Arbeit bei strahlender Hitze (z. B. Hochofenarbeiter). Die speziellen Krankheitszeichen sind in der Tabelle Seite 26 zusammengefasst.

Hitzschlag	Hitzekrampf
Kopfschmerzen, Verwirrtheit,	*In der Regel keine plötzlicher Bewusstseinsverlust,*
heiße, trockene, rote Haut, harter, rascher Puls (>160), hohe Körpertemperatur (>41°C)	*Mattigkeit, anfallsartiger Muskelkrampf (Muskelknoten), bei Krampf der Bauchmuskulatur Verwechslung mit Bauchraumerkrankung möglich (↗ Bauchschmerz)*
Abkühlen des Körpers durch feuchte Umschläge (nasse Bettlaken), Eintauchen in Wasser, Auflegen von Eiskompressen, Temperatur nicht unter 38,5 °C fallen lassen. Sofort ins Krankenhaus bringen	*Trinken von kochsalzhaltiger Flüssigkeit*
Krampfanfälle, Versagen von Atmung und Kreislauf, Herzrhythmusstörungen, Nierenversagen, Wärmetod, bei Überleben bleibende Hirnschäden möglich	*Prognose gut*

Bedrohlichkeit

Bei richtigem Verhalten haben Hitzekrampf und Hitzeerschöpfung eine gute Prognose. Ein Hitzschlag ist immer lebensbedrohend.

Entscheidungsweg, Therapie

Siehe Tabelle.

Medizinische Befragung und Befund

Das Erheben einer Krankengeschichte und die körperliche Untersuchung sind Grundvoraussetzung jeder Therapie.

 Erst Diagnose, dann Therapie!

Um aus dem Anhören einer Krankengeschichte und dem Erheben des körperlichen Befundes zu einer richtigen Diagnose zu gelangen, bedarf es viel ärztlicher Erfahrung. Dieses Buch stellt sich der schwierigen Problematik, auch Laien eine Diagnose zu ermöglichen. (Zu den Einschränkungen siehe Vorwort.)

Krankengeschichte

Automatisch entsteht ein enges Verhältnis zwischen dem Patienten und dem Fragenden. Der Kranke offenbart seine Beschwerden, Ängste, seine seelische Situation und zum Teil auch sehr Persönliches und Intimes. Hierauf ist Rücksicht zu nehmen. Schaffen Sie eine ruhige Atmosphäre, schicken Sie die neugierigen Zuschauer weg, das macht es auch für Sie leichter.

Jeder reagiert auf eine Erkrankung unterschiedlich; der eine fängt an, die Lebensgeschichte der gesamten Familie zu erzählen, der andere wird unter Schmerzen wortkarg und unwirsch. Sie kennen vielleicht Ihre Reisegefährten ein wenig und können so die Veränderungen einschätzen.

Mit der Eröffnung des Gesprächs zeigen Sie, dass Sie bereit sind, die Verantwortung für den Kranken mit zu übernehmen und sein Vertrauen zu würdigen.

- **Beginnen Sie das Gespräch** mit einer Frage, die den Kranken veranlasst, seine Geschichte zu erzählen: „Was quält Dich/Sie?" „Womit kann ich helfen?"
- **Stellen Sie offene Fragen,** also keine, die die Antwort schon enthalten. Falsch: „Es ist doch richtig, dass Sie schon immer an Rückenschmerzen wegen Ihres Bandscheibenvorfalls leiden!" Richtig: „Haben Sie schon einmal ähnliche Schmerzen gehabt?"
Vorgefasste Meinungen trüben auch hier den Blick!

- Stellen Sie **knappe und einfache Fragen:** „Haben Sie Schmerzen?" „Wo?" „Seit wann?" „Immer oder nur zeitweise?"
- **Einfach nur zuhören,** solange neue Fakten folgen.
- **Fragen Sie nach,** wenn Sie etwas nicht verstanden haben.
- Versuchen Sie eine **zeitliche Reihenfolge** herauszufinden: „Es ging am letzten Freitag mit leichtem Durchfall nach unserer Fahrt auf dem Ganges los. Seit Sonntag komme ich nicht mehr von der Toilette weg. Seit gestern tut der Bauch richtig weh …"
- **Was ist die Hauptbeschwerde?** Ruhig fragen: „Was ist am schlimmsten?" und „Wo ist es am schlimmsten?" Lassen Sie im Zweifelsfall den Kranken mit dem Finger auf die Hauptschmerzstelle zeigen!
- **Dauer der Beschwerden?** Wichtig ist hier die Unterscheidung zwischen Problemen, die den Reisenden immer wieder betreffen, die er vielleicht schon kennt und denen, die neu sind. Merke: Neu und intensiv ist bedrohlicher als bekannt und „gut auszuhalten".
- **Objektivierung der Stärke der Beschwerden:** Schmerzen sind schwierig zu objektivieren: Man kann dem Patienten eine Skala von 1 = kaum Schmerzen bis 10 = unerträgliche, mörderische Schmerzen anbieten und die Schmerzen mit einer Zahl belegen lassen. Vorsicht! Meist wird die 7 genannt. Fieber kann in Grad Celsius gemessen werden. Der Durchfall in Stuhlgänge pro Tag und der Sehverlust durch Abschätzen des Gesichtsfeldes und/oder des Lesevermögens (jetzt nur noch die Überschrift der Bild-Zeitung) usw.
- **Art der Beschwerden:** Gemeint ist die Eigenart der Beschwerde. Schmerzen können dumpf, brennend, stechend oder klopfend, aber auch dauernd oder wellenförmig sein.
- **Gibt es etwas, mit dem man die Beschwerde auslösen kann?** „Immer, wenn ich diese Bewegung mache, tut es dort weh."
- **Haben sich die Beschwerden geändert?** „Erst war der Durchfall wässrig dann wie Reiswasser, jetzt aber blutig."

> ⚠ Merke: Wo, wann, wodurch, wobei, wonach kommt es zu den Beschwerden?

- **Was wurde bislang dagegen gemacht?** Welche Medikamente werden genommen? Diätformen?
- Gibt es solche Beschwerden in der Familie oder im Bekanntenkreis?

- Es folgt – ruhig laut zum Mithören für den Kranken – die **Zusammenfassung** der Entwicklung und Art des Beschwerdebildes.
- Abschließende Frage: **Ist jetzt alles Wesentliche erwähnt?**

Der Erfahrene kann jetzt eine **Verdachtsdiagnose** stellen und die anderen Krankheitsbilder, die ähnliche Symptome hervorrufen, davon abgrenzen. Aber auch Sie können mit der Verdachtsdiagnose gezielt nach den Anzeichen der Erkrankung am Körper suchen. Machen Sie sich eine kurze schriftliche Notiz.

Körperliche Untersuchung (Befund)

Im Rahmen des hier vorliegenden Buches muss natürlich auf die Spezialuntersuchungen der einzelnen Medizingebiete verzichtet werden und natürlich liegt das allgemeine Handwerkszeug des Arztes, wie Bandmaß, Stethoskop, Spatel, Blutdruckmessgerät, Reflexhammer, nicht vor. Vorgestellt wird hier eine orientierende Untersuchung.

Allgemeine Untersuchung

- ❏ **Erster genereller Eindruck.** Ist der Reisende sehr krank, lebensbedrohlich krank? Krümmt er sich vor Schmerzen?
- ❏ **Fällt am Körperbau etwas auf?** Amputationen, auffällige Bewegungsmuster?
- ❏ **Wie ist der Ernährungszustand?** Fett, extrem abgemagert?
- ❏ **Ist der Patient wach, orientiert zu Tag, Zeit und Ort?** („Wo sind wir?") Lässt er sich auf kräftige Ansprache, Berührung oder erst durch einen Schmerzreiz erwecken? Wenn nicht, ist der Patient komatös und damit lebensgefährlich erkrankt. (↗Notfälle)
- ❏ **Ist der Patient blass?** (↗Innere Blutungen, ↗Blässe)
- ❏ **Hat er Fieber?** (↗**Fieber**)
- ❏ **Ist er schweißig?**
- ❏ **Ist das Gangbild normal** oder auffällig (Hinken, Taumeln)?
- ❏ **Ist die Sprache wie gewohnt** oder lallend, stolpernd, verwaschen oder kurzatmig abgehackt? (↗Lähmungen, ↗Hirnblutung, ↗Neurologische Erkrankungen)
- ❏ **Strömt der Patient einen besonderen Geruch aus?**

Untersuchung nach Körperregionen

Kopf

- ❑ Beulen, Rötungen, Abschürfungen?
- ❑ Schmerzhafte Bezirke um die Augen?
- ❑ Finden sich druckschmerzhafte Bezirke beim Klopfen auf die Schädeldecke (Sturz? →Schädelbruch), beim Klopfen auf die Nasennebenhöhlen (Fieber? →Nasennebenhöhlenentzündung), beim Klopfen auf die Zähne?
- ❑ Finden sich Knoten unter dem Kinn, vor oder hinter dem Ohr? (➚Fieber ➚Infektion)

Augen

- ❑ Rötung der Lider? (➚Fieber)
- ❑ Gelbfärbung des Weißen im Auge (Sklera)? (➚Gelbsucht)
- ❑ Lassen sich die Augen seitengleich öffnen und schließen? (➚Kopfschmerzen, ➚neurologische Erkrankungen)
- ❑ Schielen die Augen? Sind die Pupillen seitengleich und ist die Pupille eng, mittelweit oder weit? (➚Kopfschmerzen, ➚neurologische Erkrankungen)
- ❑ Verengt sich die Pupille auf Licht? (➚Kopfschmerzen, ➚neurologische Erkrankungen)

Mund und Rachen

- ❑ Rötung/Schwellung im Rachen, der Mandeln? Schwierigkeiten beim Schlucken? (➚Fieber)
- ❑ Bläuliche Zunge oder Lippen? (➚Blaufärbung von Haut und Schleimhäuten)

Hals

- ❑ Schwellung im Hals? (➚Fieber)
- ❑ Ist der Kopf frei beweglich nach rechts, links, vor und zurück? (➚Kopfschmerzen, ➚neurologische Erkrankungen)
- ❑ Heftiger Nackenschmerz bei Neigen des Kinns auf die Brust? (➚Fieber, ➚Kopfschmerzen, ➚neurologische Erkrankungen)
- ❑ Treten die Halsvenen deutlich hervor?

Brustkorb

☐ Rötung/Schwellung am Brustkorb? Ist der Kranke kurzatmig?
 (➚Brustschmerz, ➘Luftnot)
☐ Wie viele Atemzüge macht der Patient pro Minute? Normal 7–14
 Atemzüge pro Minute. (➚Luftnot, ➘Brustschmerz)
☐ Hebt und senkt sich der Brustkorb beim Atmen seitengleich?
 (➚Luftnot)
☐ Ist die Atmung leicht oder angestrengt?
☐ Legt man die Hände auf die Brustvorderseite, so ist das Gefühl bei
 seitengleicher Belüftung der Lungen auch seitengleich. Lässt man
 den Kranken außerdem „99" sagen, wird dies deutlicher.

Ihnen fehlt jetzt das Hörrohr. Sie müssen also Ihr Ohr direkt auf den
Brustkorb legen und den Kranken mit offenem Mund tief und langsam ein- und ausatmen lassen. Das Abhören geschieht am einfachsten auf dem Rücken und auf den Außenfeldern der Lunge/des Brustkorbes.
☐ Ist das Atemgeräusch seitengleich?
☐ Hört man ein Reibgeräusch oder ein Rasseln? (➚Fieber, ➘Luftnot)

Kreislauf

☐ Ist die Körperfarbe überall gleich?
☐ Fällt ein Bein/Arm durch Rötung oder abnorme Blässe auf?
☐ Sind Arme und Beine seitengleich warm?
☐ Ist der Puls zu fühlen? Am einfachsten fühlt man den Puls auf der In-
 nenseite des Unterarms am Übergang zum Handgelenk auf der
 Daumenseite und in der Leiste oder am Hals. Normal sind 60–80
 Schläge pro Minute.
☐ Ist der Puls gleichförmig oder stolpert das Herz? Gibt es Aussetzer?
 (➚Herzschmerzen)
☐ Drückt man mit den Fingern oder einem Gegenstand auf die Fuß-
 oder Fingernägel, werden sie blasser bis weiß. Werden sie danach
 sofort wieder rosa? (➚Luftnot, ➘Blaufärbung von Haut und
 Schleimhäuten)

Bauch

☐ Ist der Bauch aufgetrieben (Trommelbauch?) oder eingefallen?
☐ Betasten des Bauches: Der Kranke liegt entspannt auf dem Rücken.

Zuerst wird mit warmen Fingern in der Region getastet, die schmerzfrei ist. Vorsichtiges Tasten mit den Fingerspitzen lässt zumindest erkennen, ob eine schmerzhafte Abwehrspannung vorliegt. (↗Bauchschmerz)

❑ Ist der Bauch bretthart und lässt sich nicht eindrücken, ohne die Schmerzen zu verstärken? (↗Bauchschmerz)

❑ Gibt es eine Region, die schmerzhafter ist als andere? Rechter oder linker Oberbauch bzw. Unterbauch links oder rechts? (↗Bauchschmerz)

❑ Kann man beim direkten Abhören des Bauches ein plätscherndes Geräusch wahrnehmen? (↗Bauchschmerz)

❑ Fasst man mit der einen Hand sanft auf den Bauch und drückt mit der anderen Hand im Rückenbereich knapp unterhalb der Rippen so kann man das Nierenlager betasten. Lassen sich durch kurze Bewegungen hier Schmerzen auslösen? Strahlen diese in die Geschlechtsorgane aus? (↗Bauchschmerz)

Geschlechtsorgane

❑ Hier beschränkt sich die Untersuchung auf die Frage nach abnormen Schwellungen und Rötungen. (↗Schmerzen, ↗Fieber)

Glieder

❑ Sind Gelenke oder ganze Gliedmaßen geschwollen? Alle oder nur wenige? (↗Ödeme, ↗Fieber)

❑ Lassen sich die Beine, Arme, Hände und Füße seitengleich durchbewegen? (↗Knochenbruch)

Wirbelsäule

❑ Kann der Patient sich vor- und zurückbeugen und lässt sich beim Abklopfen der Wirbelsäule ein Schmerz auslösen? (↗Schmerzen in den Gelenken)

Notfälle
und
Wiederbelebung

Unfall, Notfall, Wiederbelebung

Vorbemerkung

In einer bedrohlichen Situation sind Sie rechtlich verpflichtet – und damit auch abgesichert – nach Ihren Kenntnissen und Fähigkeiten zu helfen! In diesem Kapitel soll Ihnen gezeigt werden, die Probleme eines Unfallverletzten oder eines akut Schwererkrankten einzuschätzen und Hilfe zu organisieren.

Handlungen bei Unfällen

 Stopp! Können Sie sich gefahrlos der Unfallstelle nähern? Ihre Sicherheit geht vor. Ziel von Rettungsmaßnahmen ist es zu helfen, nicht zusätzliche Patienten zu schaffen! Sind andere Menschen in der Gefahrenzone, so müssen diese zuerst in Sicherheit gebracht werden.

Sie brauchen Helfer! Während Sie anfangen, sollte ein anderer Hilfe holen. Rettungskräfte brauchen eine genaue Angabe über den Ort des Geschehens und die Anzahl der Verletzten! Beim Telefonieren die eigene Rufnummer für Rückfragen angeben!

Zuerst sollte man schnell klären, ob die Situation wirklich bedrohlich ist. Dazu gehört die Frage, ob der Kranke/Verunfallte wach oder komatös ist. Dann gilt es, sofort den Kreislauf und die Atmung sicherzustellen, anschließend eventuelle Blutungen zu stillen und Brüche zu schienen. Danach muss der Transport durchgeführt werden.

- ❏ **Sprechen, schreien Sie den Patienten an!** Ein Patient, der antwortet, ist wach. Er hat eine – wenn auch vielleicht schlechte – Atmung und einen Kreislauf.
- ❏ **Atmet der Patient?** Bekleidung von der Brust entfernen! Hebt und senkt sich der Brustkorb (Hand auf den Brustkorb)? Ein Mensch, der nicht atmet, hat eine blaue Hautfarbe.
- ❏ **Ist der Kreislauf intakt?** Puls fühlen, am besten in der Leiste oder am Hals (bei sich selbst ausprobieren) oder am Handgelenk.
- ❏ **Kein Kreislauf, keine Atmung:** ↗ABC-Regel.

❑ **Atmung und Kreislauf intakt.** Patient zeigt aber keine Reaktion auf Ansprache! Auch nicht auf einen Schmerzreiz (Kneifen in die Nasenscheidewand, Achselfalte)? Dieser Mensch ist im ↗Koma, stabile Seitenlage herstellen.

❑ **Bei jedem Notfall erfolgt eine Kurzuntersuchung:** ↗Bodycheck.

❑ **Blutungen müssen bekämpft werden:** ↗Blutstillung.

❑ **Ein Schock muss bekämpft werden:** Schocklage (s. Seite 141).

❑ **Schließlich wird der Transport organisiert und durchgeführt**

Siehe auch Diagnoseschema auf den Seiten 40–43.

Bodycheck

Nachfolgende Übersicht fasst die wichtigsten Maßnahmen und Fragen bei der Untersuchung Verunfallter oder Schwerkranker zusammen. Hier wird beschrieben, wie man einen Kranken bzw. Verletzten orientierend untersucht, um schnell einen Eindruck über die Schwere der Erkrankung zu gewinnen. Es folgt jeweils der Verweis auf mögliche Erkrankungen bzw. Kapitel im Buch.

❑ **Ansprechen des Patienten:** Ist er wach oder schläfrig?
   ● Keine Reaktion? Schmerzreiz setzen!
   ● Keine Reaktion = Bewusstlosigkeit, Koma. Sind Atmung, Puls, Blutdruck o. k.? Wenn ja, keine sofortige Lebensgefahr. Wenn nicht o. k. ↗ABC-Regel, ↗Wiederbelebung.

❑ **Blick in die Augen:** Pupillen gleich eng?
   ● Verengen sie sich nicht bei Lichteinfall? ↗Hirnblutung, → der Patient muss sofort in ein Krankenhaus.
   ● Pupille einseitig weit. Lichtreaktion nur einseitig? ↗Hirnblutung/ Schlaganfall, →Krankenhaus
   ● Pupillen beidseits weit, keine Lichtreaktion? ↗Herzstillstand? Massive Schädigung des Gehirns? Tod? →Wiederbelebung

❑ **Puls:** tastbar (an der Hand, Leiste oder Hals)?
   ● Normal sind 70 Schläge pro Minute.
   ● Sehr schneller Puls? ↗Blutende Wunden? ↗Innere Blutung? ↗Schock? →Schocklage, →Krankentransport

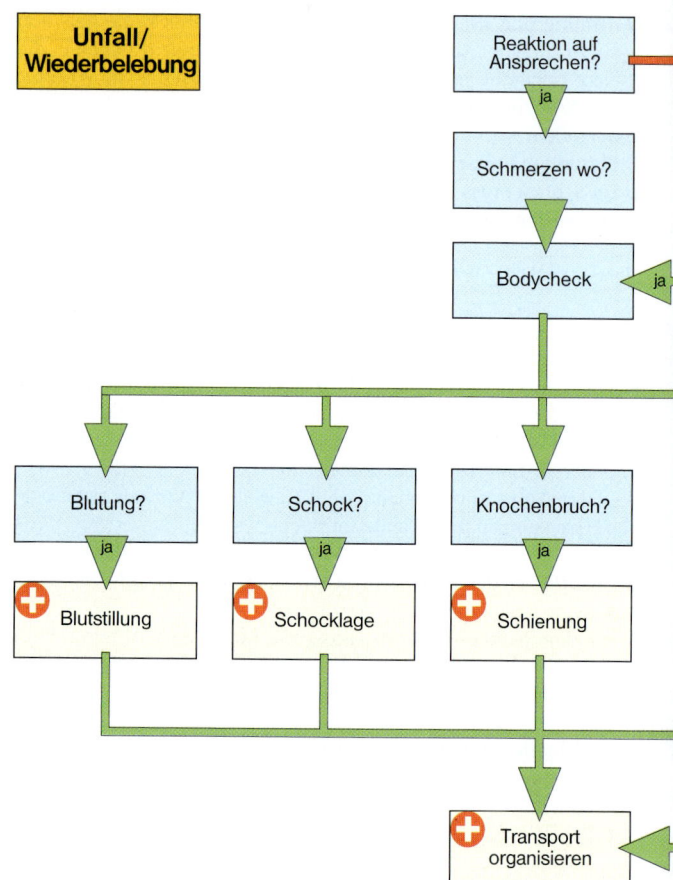

Unfall/ Wiederbelebung

Reaktion auf Ansprechen?

ja

Schmerzen wo?

Bodycheck

ja

Blutung?

ja

➕ Blutstillung

Schock?

ja

➕ Schocklage

Knochenbruch?

ja

➕ Schienung

➕ Transport organisieren

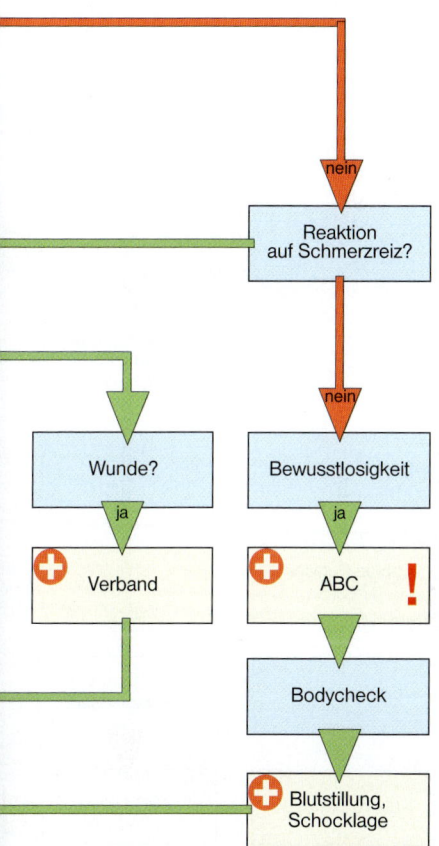

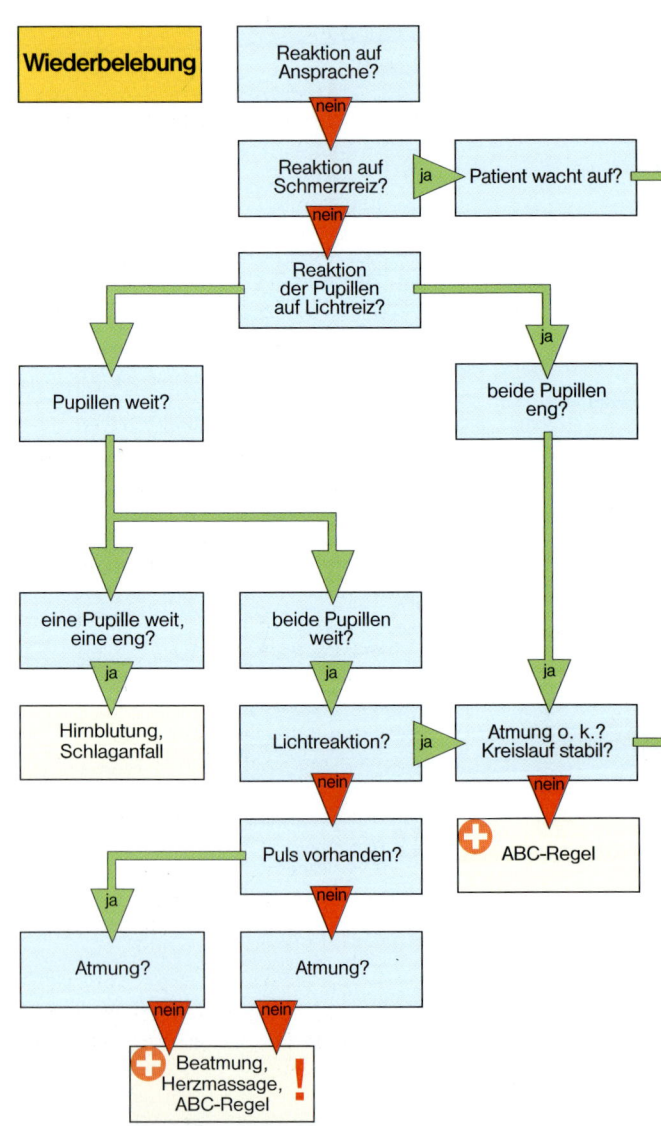

❏ **Hautkontrolle:**
- Hautfarbe nicht rosa? ↗Sauerstoffmangel!
- Hautfarbe weiß, kaltschweißig? ↗Schock!
- Hautfarbe blau? Atemnot? ↗Luftnot, ↗Blaufärbung der Haut

❏ **Schmerzen:** Wo? Bei welcher Bewegung oder immer?

⚠ Die Heftigkeit der Schmerzen korreliert gut mit der Schwere der Verletzung. Ist der Kranke aber im Schock oder sehr aufgeregt, empfindet er oft keinen Schmerz!

❏ **Kopfuntersuchung:**
- Blutung aus Nase, Mund oder Ohr?
- Kopf frei beweglich? Schmerzen? ➝Halsverletzung? ➝Kopfverletzung?

❏ **Druck auf die Schultern:**
- Schmerzen? ↗Verstauchung oder Knochenbruch.
❏ **Durchbewegen der Arme** im Schultergelenk in allen Ebenen:
- Schmerzen? Bewegungseinschränkung? ↗Knochenbruch.
❏ **Druck auf Brustkorb beidseits:**
- Schmerzen? ➝Rippenbruch? ↗Brustschmerz
❏ **Abtasten, dann Drücken des Bauchs:**
- Brettharter Bauch? ➝akuter Bauch? ↗Bauchschmerzen.
❏ **Druck auf Beckenschaufeln:**
- Schmerzen? ➝Beckenbruch? ↗Knochenbruch.
❏ **Durchbewegen** der Hüften, Knie, Füße, Schulter, Ellenbogen und Handgelenke:
- Schmerzen? Bewegungseinschränkungen? ↗Knochenbruch

a Befragen, siehe Unfall

a stabile Seitenlage

ABC-Regel zur Wiederbelebung

Grundlage für das Leben von tierischen und menschlichen Zellen ist ihre Versorgung mit Sauerstoff und Stoffen zur Verbrennung. Die Zeit, die ohne Versorgung überlebt wird, ist von Organ zu Organ verschieden. Das Gehirn kann keine Unterbrechung der Versorgung länger als 10 Minuten überleben!

Es gilt also zuerst und immer, diese Versorgung sicherzustellen. Damit Sauerstoff in den Körper gelangt, muss die Atmung sichergestellt werden. Damit Sauerstoff die Organe erreichen kann, muss der Kreislauf sichergestellt werden. Ohne Atmung und Kreislauf gibt es kein Überleben!

Die Wiederbelebung muss geübt werden. Ist der Wiederbelebungskurs für den Führerschein lange her, so ist im Zweifelsfall eine Wiederholung angezeigt.

Die ABC-Regel bedeutet

A = Atemwege frei machen
B = Beatmung
C = Cirkulation (Zirkulation) = Blutkreislauf in Gang halten

Atemweg frei machen

Erbrochenes, Blut oder Ähnliches muss aus dem Mund heraus, da es die Atmung behindert und in die Lunge gelangen kann. Hier muss man mit dem Finger ausräumen.

Beatmung

Atmet der Patient? Hebt und senkt sich der Brustkorb? Wenn nicht, muss beatmet werden!

Die Beatmung des Atemlosen erfolgt durch Mund-zu-Nase-Beatmung. Dazu kniet der Retter hinter dem Kopf des Verletzten. Mit beiden Händen wird der Unterkiefer des Patienten herangezogen, der Kopf damit überstreckt und der Mund verschlossen. Die Nase des Kranken wird in den Mund genommen und mit ruhigen, kräftigen Atemstößen wird Luft in den Kranken geblasen.

Erfolgskontrolle: Hebt und senkt sich der Brustkorb?

Zirkulation aufrecht erhalten

Hat der Patient einen tastbaren Blutdruck (Puls fühlen! Am besten in der Leiste oder am Hals oder am Handgelenk auf der Daumenseite)?

Wenn kein Puls tastbar ist, muss die Wiederbelebung auch mit Herzmassage erfolgen: Zuerst ein wirklich kräftiger Schlag auf den Brustkorb! Jetzt Puls wieder da?

Falls nicht: Der Patient liegt auf einer harten Unterlage, der Retter legt beide Handteller auf den unteren Teil des Brustbeines und drückt mit ausgestreckten Armen den Brustkorb herunter. Sind Sie allein, so folgt nach 15 Mal Drücken des Brustkorbes zwei Mal Atemspende. Bei zwei Rettern erfolgt nach je fünf Mal Drücken ein Atemstoß.

Erfolgskontrolle durch Tasten des Pulses.

Wiederbelebung ist Schwerstarbeit. Das halten Sie allein nicht lange durch! Suchen Sie Hilfe! Bestimmen Sie Helfer!

Schock

Begriff

Hier ist nicht der psychische Schock gemeint, sondern der Blut- oder Volumenmangelschock. Der Begriff beschreibt den gefährlichen Blutdruckabfall, der Mangelversorgung des Körpers mit Blut zur Folge hat.

Ursachen

Die Mangelversorgung durch Blutdruckabfall hat als Ursache entweder eine unzureichende Pumpleistung des Herzens (**kardiogener Schock**) oder die Ursache ist ein akuter Blutverlust, also hauptsächlich nach Unfällen, wenn Knochen gebrochen sind oder nach großen Prellungen oder nach akuten Blutungen, z. B. aus einem Magengeschwür (**Volumenmangelschock**). Eine Möglichkeit für Laien ist die Bestimmung des so genannten **Schockindex** = Pulsfrequenz/systolischer Blutdruck. Bei normalem Blutdruck systolisch 120 mmHg und Herzfrequenz 60 Schläge/Minute beträgt der Schockindex 0,5. Ist der Schockindex > 1, sind etwa 20–30 % des Blutes verlorengegangen, > 1,5 beträgt der Blutverlust 40–50 % des Gesamtvolumens. Solch eine Situation ist lebensbedrohlich.

Weitere Ursache für einen Schock ist eine allergische Reaktion, z. B. nach Einnahme eines Medikaments oder nach dem Stich eines Tieres (allergischer Schock).

Bei einer schweren Sepsis (Blutvergiftung) kann ein **septischer Schock** eintreten.

Krankheitszeichen

❑ Niedriger Blutdruck und rasender Puls (in der Leiste, Hals oder Handgelenk tastbar). Der Puls ist nur schwach tastbar. Der Puls hat mehr als 100 Schläge pro Minute.

❑ Falls Blutdruckgerät vorhanden, ist der Blutdruck unter 100 mmHg.

❑ Die Atmung geht schnell. Der wache Patient ist unruhig.

❑ Der Körper versucht den Blutmangel durch Zentralisierung auf den Körperstamm zu kompensieren. Deshalb Mangeldurchblutung der Haut. Der Patient ist blass und kaltschweißig.

❑ Gelingt es nicht, den Zustand zu stabilisieren, rutscht der Patient in das Dekompensationsstadium: Das Bewusstsein trübt ein, der Puls wird noch schneller und schlechter tastbar. Jetzt besteht akute Lebensgefahr!

Bedrohlichkeit

 Ein Schock ist prinzipiell lebensbedrohlich. Gehen Sie davon aus, dass die Situation, auch wenn sie jetzt stabil erscheint, sich verschlechtern wird. Der Körper erschöpft sich. Ein Schockpatient gehört in ein Krankenhaus!

Therapie

✚ **Blutungen stillen:** ➚Blutstillung.

✚ **Schocklage:** Beine hoch halten oder hoch legen (nicht bei Herzerkrankung.

✚ **Beruhigung der Situation:** Zeigen Sie ein ruhiges, bestimmtes Auftreten. Unbeteiligte entfernen sich!

✚ **Körperwärme erhalten:** durch Decken, Goldfoliendecke (Gold nach außen).

+ **Rettungstransport organisieren:** Sie müssen einen Liegendtransport anmelden. In Mitteleuropa oder Amerika kommt der Not-Arzt (engl. Paramedic) zum Patienten, nur in Ausnahmen umgekehrt. In anderen Ländern werden aber Sie den Transport begleiten müssen. Einige Hotels in der Dritten Welt haben eine Krankenstation. Hier findet man Infusionsflaschen und mit hoher Wahrscheinlichkeit auch einen Hotelgast, der Arzt ist und eine Infusion anlegen kann.

Blutstillung

Blutungen treten nach jeder Verletzung der Haut oder Schleimhaut auf, aber auch, dann unsichtbar, nach Verletzungen innerer Organe und Knochen. Reicht die körpereigene Blutstillung nicht aus, blutet es zu heftig, muss eine gezielte Blutstillung durchgeführt werden.

Begriff

❑ **Spritzende, hellrote Blutung** im Pulstakt aus der Wunde: ➝Blutung aus einer Arterie (arterielle Blutung) – selten.
❑ **Kontinuierliche Blutung,** eher dunkelrot, ohne Pulstakt aus der Wunde: ➝Blutung aus Vene (venöse Blutung).

Bedrohlichkeit

Die Gefahr ergibt sich aus der Größe des Blutverlustes. Gelingt es nicht, die Blutung zu stoppen, muss es früher oder später zum ➚Schock kommen.

Therapie

+ **Nasenbluten:** Kräftiges Ausstopfen beider Nasenlöcher mit sauberem Papier-Taschentuch o. Ä. Vor Entfernen nass machen.
+ **Bei anderen Blutungen** gilt: Mit der Hochlagerung der Blutungsquelle über das Herzniveau nimmt der Blutdruck ab. Kleinere Blutungen kommen so zum Stehen.
+ **Kräftigere Blutungen** werden mit Kompressen (sonst Taschentuch o. Ä.) bedeckt. Dann werden die Kompressen mit einer Binde mit

Notfälle, Wiederbelebung

leichtem(!) Druck angewickelt (→Verband, Pflaster). Jede venöse Blutung kommt so zum Stehen. Arterielle Blutungen brauchen viele Kompressen und mehr Druck auf die Wunde.

+ Das Abbinden ist für **heftige, spritzende Blutungen,** z. B. bei unfallbedingten Gliedabtrennungen, vorbehalten. Abbinden erfolgt durch Umschlingen der Gliedmaße mit Binde oder Gürtel und Zuziehen, bis die Blutung steht. Das ist schmerzhaft und kann zum Absterben der Gliedmaße führen. Auf jeden Fall nach 10 Min. Lockerungsversuch!

Wundversorgung

Begriff

❏ **Schnittwunde:** Glatte Durchtrennung der Haut
❏ **Riss-Quetsch-Wunde:** Zerreißung der Haut durch stumpfe Gewalt
❏ **Verbrennung:** Rötung bis Verkohlung nach Hitzeeinwirkung
   Rötung: Verbrennung 1. Grades
   Blasenbildung: Verbrennung 2. Grades
   Schwarze, verkohlte Schicht: Verbrennung 3. Grades

Bedrohlichkeit

 Die Verbrennung 2. und 3. Grades eines Armes oder Beines, des Bauches oder Rückens schafft eine so große Wundfläche, dass der Verlust an Flüssigkeit, die Vergiftung durch Abbauprodukte und die Infektionsgefahr lebensbedrohend sind.

Therapie

Einfache Wunden

+ Eine einfache Wunde wird innerhalb der ersten vier Stunden nach Desinfektion genäht, geklammert oder mit Klebebändern zusammengezogen.

+ Achtung: **Bisswunden** werden nicht genäht. Hundebisse zwingen dazu abzuklären, ob man in einem Tollwut-Gebiet ist und sich gegebenenfalls akut vor Ort impfen lassen muss.

Größere, verdreckte Wunden

✚ Säuberung mit viel Trinkwasser.
✚ Antiseptische Lösung (z. B. Mercurocrom®) oder Salbe (z. B. Braunovidon®).
✚ Abdecken der Wunde mit steriler Kompresse oder sauberem Tuch und Befestigung mit Pflasterstreifen oder Binde.
✚ Jeden Tag Inspektion der Wunde und neuer Verband.

Auch große Wunden heilen so ab. Eine Antibiotikagabe ist in der Regel überflüssig. Sie ist nur notwendig, wenn Zeichen einer Infektion (Fieber, fortschreitende Rötung, Ermattung des Patienten) auftreten.

Brandwunden

✚ Sofort unter kaltes Wasser, bis der Schmerz nachlässt.
✚ Abdecken der Wundfläche, damit die Wunde nicht mit dem Verband verklebt.
✚ Täglicher Verbandswechsel und Vorstellung beim Arzt bei großen Brandflächen.

Knochenbruch (Fraktur)

Nach jeder Verletzung ist die Frage zu klären, ob die auftretenden Schmerzen für einen Bluterguss, eine Muskelprellung oder für einen Knochenbruch sprechen.

Begriff

Zerbrechen oder Einstauchen der Knochenform. Unterscheide:
❑ **Offener Bruch:** Knochen ragt durch die Haut.
❑ **Geschlossener Bruch:** Haut geschlossen.

Krankheitszeichen

❑ Es zeigt sich eine Schwellung und meist ein Bluterguss.
❑ Jede Bewegung löst Schmerzen aus.
❑ Die Gliedmaße ist deformiert und zeigt eine ungewohnte Beweglichkeit.
❑ Bei Bewegung gibt es ein Knochenreiben.

Notfälle, Wiederbelebung

Bedrohlichkeit

Die heftigen Schmerzen weisen auf die Bedrohung hin.

 Brüche, besonders Beckenbrüche und Oberschenkelbrüche, aber auch andere Frakturen können zu einer massiven Blutung in den Körper führen. Es kommt dann zum ↗Schock. Bruchstücke können Nerven und Gefäße aufspießen, was zu Lähmungen und zum Verlust der Gliedmaße führen kann.

Therapie

✚ Bei **Prellungen** wird der Bereich der Knochenprellung gekühlt und ruhig gestellt.

Beim **Verdacht auf einen Bruch** wird wie folgt verfahren:

✚ Die Schmerzen entstehen durch Reiben der Knochenteile aufeinander. Dies wird vermieden, wenn man Bewegungen verhindert. Das erreicht man durch **Schienung** der Knochen über die angrenzenden Gelenke hinweg. Also verlangt ein Oberschenkelbruch eine Schienung über das Kniegelenk und die Hüfte hinaus. Die Schiene muss stabil sein (Latte, Skistock, Ast o. Ä.) und sie muss gut gepolstert werden. Erst ausprobieren bei einem Gesunden, Zeit dafür ist vorhanden.

Anbringen der Schiene: Ein Helfer zieht langsam(!), aber kräftig an der Gliedmaße. Die Kraft muss die Muskelkraft der gebrochenen Gliedmaße überwinden, die die Fragmente aufeinander zieht. Das Ziehen kann Schmerzen verursachen! Patienten darauf hinweisen! Stehen die Teile aber erst einmal in der natürlichen Lage zueinander und werden so mit Hilfe der Schiene fixiert, so hört der Schmerz auch während des Transports auf. Die Fixierung erfolgt durch Anbinden an die Schiene mit Binden, Krawatten, Schals o. Ä.

✚ Bei **offenen Frakturen** wird die Wunde vorher mit einer Kompresse abgedeckt.

✚ Nach der Schienung kann bei Arm- und Handbrüchen der Verletzte selber gehen. Bei Bein und Fußbrüchen muss der **Transport** liegend erfolgen. Jede Erschütterung tut weh!

Schmerzen

Schmerzbekämpfung allgemein

Es gibt keine objektive Möglichkeit, den Schmerz zu messen. Schmerzen werden unterschiedlich empfunden. Man ist auf die Angaben des Kranken angewiesen. Um seine Angaben besser zu bewerten, stelle man ihm eine Zahlenreihe von 1–10 vor. 1 sei ein sehr leichter Schmerz, 10 ein Schmerz, der als unerträglich, lebensbedrohlich einzuordnen ist. Welche Stelle nimmt der beklagte Schmerz jetzt ein?

Prinzipiell gilt, dass alle Schmerzmittel (Analgetika) als Dauergabe (d. h. in regelmäßigen Abständen gegeben, auch wenn kein akuter Schmerz vorhanden ist!) wirksamer und in geringerer Dosierung helfen, als wenn erst auf den Schmerz gewartet wird!

Die Einzel- oder Mischpräparate entsprechend Beipackzettel und unter Beachtung der Risiken und Nebenwirkungen einnehmen.

„Kleine" Schmerzmittel:

- Acetylsalicylsäure (Aspirin®/ASS) in einer Dosis von 3 mal 1 g.
- Paracetamol (ben-u-ron®) bis 3 mal 1 g.
- Metamizol (Novalgin®) bis 3 mal 1 g.

Stärkere Schmerzmittel siehe Reise-Apotheke im Anhang.

Kopfschmerzen

Begriff

Kopfschmerzen sind häufige Beschwerden. In diesem Kapitel geht es nicht um den jedem bekannten, mehr oder weniger heftigen Kopfschmerz, der zwar stört, der jedoch nicht wesentlich behindert und der mit kleinen Schmerzmitteln (↗Schmerzbekämpfung) schnell verschwindet. Gemeint ist hier der unbekannte, in der Heftigkeit qualitativ neue Schmerz.

Krankheitszeichen

Der einfache Kopfschmerz ist jedem bekannt. Ernster zu nehmen ist der Kopfschmerz als Begleitsymptom mit Nackensteifigkeit, mit und ohne Fieber sowie begleitet von zunehmender Schläfrigkeit.

Bedrohlichkeit

Obwohl die meisten Kopfschmerzen keine Bedrohung darstellen, gibt es auch (lebens-)bedrohliche Erkrankungen, deren erstes Symptom der Kopfschmerz ist. Für den Nicht-Mediziner wird die Beurteilung der Lage erschwert, da er auf die eingehende neurologische Untersuchung verzichten muss.

Entscheidungsweg

Wichtigste Unterscheidung für die Diagnosefindung ist die Frage, ob der Schmerz seit längerer Zeit immer wieder oder erstmalig auftritt.

Plötzlicher Kopfschmerz

❑ Erklärt sich der plötzliche Kopfschmerz durch eine akute Kopfverletzung? ↗Wundversorgung, →Krankentransport

❑ Ohne Lähmungserscheinungen, ohne Störungen der Bewusstseinslage, wie ungewöhnliche Schläfrigkeit, fehlende Erweckbarkeit (↗Koma), kann der weitere Verlauf abgewartet werden.

❑ Plötzlich auftretender Kopfschmerz ohne Kopfverletzung mit einer **neurologischen Störung,** wie Lähmung, Sprachstörung, Gesichtsfeldverlust, ist verdächtig auf eine Erkrankung des Gehirns (↗Blutung, ↗Hirnhautentzündung).

❑ Liegt keine Kopfverletzung vor, ist die wesentliche Frage, ob eine **Nackensteifigkeit** zu finden ist.

Untersuchungsmethode: Der Untersuchende legt die Handfläche in den Nacken des liegenden Kranken und beugt mit dieser Hand den Kopf, bis das Kinn die Brust erreicht. Bei Nackensteifigkeit zeigt der Kranke einen deutlichen Widerstand, da diese Bewegung einen heftigen Schmerz im Kopf-Nackenbereich teilweise bis in den Kreuzbeinbereich auslöst!

Heftiger Kopfschmerz mit Nackensteifigkeit und Fieber bei deutlichem Krankheitsgefühl ist verdächtig auf eine ↗Hirnhautentzündung. Die definitive Diagnose kann nur mit einer Hirnwasserentnahme (Lumbalpunktion) gestellt werden. Diese Untersuchung kann nur vom Arzt durchgeführt werden.

❑ **Extremer plötzlicher Kopfschmerz** („wie ein Messerstich in den Kopf") von zuvor unbekannter Heftigkeit mit Nackensteifigkeit und

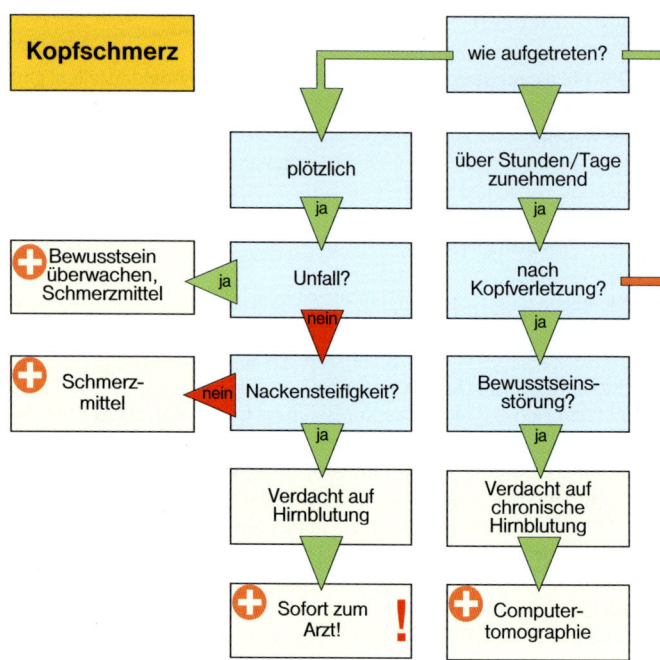

eventuell mit Störung des Bewusstseins ohne Fieber ist verdächtig auf eine ↗Hirnblutung (Subarachnoidalblutung). Die wahrscheinlichste Ursache dafür ist das Platzen einer Gefäßmissbildung (Aneurysma).

Zunehmender Kopfschmerz

❏ Ein über Stunden zunehmender Kopfschmerz nach einer Kopfverletzung muss intensiv beobachtet werden.

❏ Eine **neurologische Verschlechterung,** d. h. Verschlechterung der Bewusstseinslage (Schläfrigkeit bis zur ↗Bewusstlosigkeit) bzw. ei-

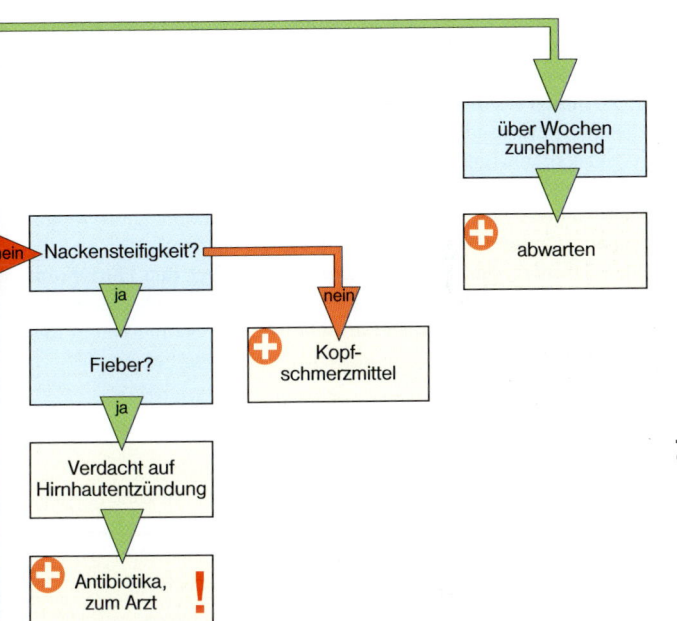

ne zunehmende Lähmung oder Sprachstörung ist verdächtig auf eine Blutung im Kopf und braucht dringend eine Abklärung durch einen Arzt.

Chronischer Kopfschmerz

Die Schmerzen sind dem Kranken schon seit einiger Zeit aufgefallen. Zu unterscheiden ist zwischen Schmerzen mit einer zunehmenden Schmerzintensität und Schmerzen, deren Schmerzstärke zwar gleich bleibt, die aber immer wieder kommen.

❑ Bei **zunehmender Schmerzintensität** und Schmerzhaftigkeit beim

Schmerzen

Klopfen auf den Knochen der Stirn oder unterhalb des Auges (Jochbogen), begleitet von Fieber, wird eine ↗Nasennebenhöhlenentzündung (Stirnhöhlen- bzw. Kieferhöhlenentzündung) wahrscheinlich.

❏ Der **immer wiederkehrende Kopfschmerz** ist in der Regel der einseitige, pulsierende Kopfschmerz, ↗Migräne. Er kommt nach einer visuellen Aura (gemeint ist damit ein Flimmern vor den Augen oder Gesichtsfeldausfälle oder ein Sehen von Lichtstreifen oder Lichtpünktchen). Der Schmerz dauert 1 bis 3 Stunden. Diese Migräneattacken sind dem Kranken in der Regel bekannt.

❏ Ein Schmerz, der **beidseits vom Nacken über den Hinterkopf** ausstrahlt hat seine Ursache am ehesten in einer Schädigung der Halswirbelsäule (→Schulterarmschmerzen, ↗Schmerzen in den Gelenken).

Therapie

Hirnhautentzündung

✚ Da die Hirnhautentzündung eine bedrohliche Erkrankung darstellt, muss ein Arzt aufgesucht werden.

✚ Ist dies nicht in kurzer Zeit möglich, muss eine Antibiotika-Therapie begonnen werden. Unsere 1. Wahl Ciprofloxacin (Ciprobay®), Dosis: 2 mal 1 Ampulle pro Tag als Kurzinfusion. Wenn intravenöse Gabe nicht möglich, dann Therapiebeginn mit Tabletten. Problem: Alle Antibiotika in Tabletten-Form erreichen schlechter einen wirksamen Spiegel im Gehirn.

Es gibt einige wenige resistente Bakterienstämme. Trotzdem ist der Therapiebeginn in einer bedrohlichen Situation angezeigt. Im Zweifelsfall sollte die Beobachtung und Weiterführung in einer Klinik erfolgen.

Hirnblutung

 Dieses Krankheitsbild bedarf der dringenden Abklärung in einem gut ausgerüsteten Krankenhaus. Ein Transport muss schonend und schnell erfolgen. Die Erkrankung ist lebensbedrohlich!

✚ Die heftigen Kopfschmerzen lassen sich kaum mit Schmerzmitteln beeinflussen. Am wirksamsten ist noch Metamizol (Novalgin®).

Wird die erste Blutung überlebt, bleibt, auch wenn alle Symptome verschwinden und der Kranke vollständig geheilt erscheint, das Risiko weiterer Blutungen, die zu schweren Lähmungen oder zum Tod führen können.

Nasennebenhöhlenentzündung

+ Kamillendampfbäder.
+ Schmerzbekämpfung: bis zu 4 x 20 Trpf. Novalgin®.
+ Antibiotikatherapie: 2x250 mg Ciprobay®.
+ ⚠ Abklärung durch den Arzt notwendig!

Migräne

+ Selbstverständlich kann mit ASS 1 x 500 mg behandelt werden.
+ Behandlung mit Dihydroergotaminpräparaten, z. B. Dihydergot®, DET MS®. Rechtzeitige Einnahme!

Gesichtsschmerz

Entscheidungsweg

Bei Schmerzen im Gesichtsbereich ist das wichtigste Unterscheidungskriterium, ob der Schmerz blitzartig, kurz einschießend oder ein Dauerschmerz ist.

❏ Der **blitzartige Schmerz im Gesichtsbereich** betrifft die Unterkieferregion oder den Oberkiefer bis zum Gehörgang oder (seltener) die Gegend um das Auge.
Auslöser können Kälte oder Wärme, Essen oder Rasieren sein. Diese Schmerzen werden mit dem Begriff „Trigeminusneuralgie" oder „Tic douloureux" bezeichnet. Diese Schmerzattacken dürften dem Reisenden bekannt sein.
+ Abhilfe kann effektiver als mit den klassischen Schmerzmitteln durch eine Dauergabe mit Carbamazepin (z. B. Tegretal®) erreicht werden. Dosis bis 4 x 200 mg/Tag.
+ Sollte dies Medikament nicht zur Verfügung stehen, muss mit Acetylsalicylsäure, Paracetamol bzw. Metamizol behandelt werden (➚Schmerzbekämpfung).

Der Dauerschmerz bedarf bei weiteren neurologischen Auffälligkeiten (z. B. Doppelbilder, Sprachstörungen, Lähmungen) der Abklärung durch einen Arzt.

❏ Wesentlich häufiger sind **lokale Schmerzen ohne neurologische Ausfallerscheinungen.** Hier wird der Ursprungsort der Schmerzen abzuklären sein:
● Ist das Kiefergelenk druckschmerzhaft? Knacken bei Bewegung auslösbar?
✚ Falls ja ➞ Schmerzbekämpfung mit 25 Trpf. Novalgin® oder 500 mg ASS. Kein dringender Grund zur weiteren Abklärung auf Reisen.

Zahnschmerzen

Krankheitszeichen

Einzelner Zahn

Schmerz, der einem einzelnen Zahn zugeordnet werden kann und durch Süßes oder Kaltes auslösbar ist, deutet auf kariöse Veränderungen hin. Manchmal kann er nicht genau geortet werden, so dass auch andere Erkrankungen (wie Trigeminusneuralgie oder Nasennebenhöhlenentzündung) in Betracht kommen. ➚Gesichtsschmerz, ➚Kopfschmerzen

✚ Therapeutisch sollten auslösende Reize gemieden werden; zusätzlich ist oft ein Analgetikum notwendig. Bei Schmerzen können 500 mg ASS oder Metamizol (Novalgin®) eingenommen werden.

„Weisheitszähne"

Das vollständige oder nicht vollständige Durchbrechen eines Weisheitszahns kann starke Schmerzen und eine lokale Weichteilentzündung verursachen.

✚ Hilfreich ist kochsalzgesättigtes (hypertones), heißes Salzwasser (1 EL Salz auf ein Glas Wasser). Das heiße Salzwasser wird auf der betreffenden Seite bis zur Abkühlung im Mund behalten und dann ausgespuckt. Dieser Vorgang ist beliebig oft zu wiederholen. Eventuell ist die Gabe eines Antibiotikums notwendig.

Zahnverlust

✚ Sollten ein oder mehrere Zähne ausgeschlagen sein, ist es das Beste, sie nach Abspülen wieder in die Zahntasche (Alveole) einzuführen. Sofort einen Zahnarzt aufzusuchen. Ist das nicht möglich, können sie in Salzwasser oder Milch feucht gehalten werden.

Verlorene Füllungen

✚ Bei verloren gegangenen Füllungen gibt es ein probates Mittel zur Selbsthilfe: **Guttapercha.** Ein eingetrockneter Pflanzenmilchsaft, der, z. B. über einer Kerze erhitzt, verformbar wird. Die weiche Masse wird in den Zahnhohlraum gedrückt, Überstände entfernt. Die Masse härtet nach dem Abkühlen aus. Mit einiger Vorsicht lassen sich so Wochen bis zur definitiven Versorgung überbrücken.

Halsschmerzen

Begriff

Diese Schmerzen kennt jeder: Schmerzen im Halsbereich zum Teil mit Ausstrahlung in andere Körperregionen. Es gilt hierbei, zwischen der banalen Erkältung und ernsteren Erkrankungen zu unterscheiden.

Ursachen

Der überwiegende Anteil aller Halsschmerzen ist Folge einer Virusinfektion. Zu unterscheiden hiervon sind fieberhafte Infektionen mit bakterieller Ursache. Andere Ursachen sind Verätzungen, das Verschlucken von Fremdkörpern und Bandscheibenschäden.

Krankheitszeichen

Halsbeschwerden haben eine Bandbreite vom Kratzen im Hals bis zu richtigen Schmerzen mit Schluckbeschwerden.
❏ Zu klären ist, ob der Rachen gerötet ist und ob eitrige Stippchen sichtbar sind.
❏ Beachtenswert sind die Verbindung der Halsschmerzen mit Fieber und Schmerzen im Halsbereich mit Ausstrahlung in den Arm.

Schmerzen

Entscheidungsweg

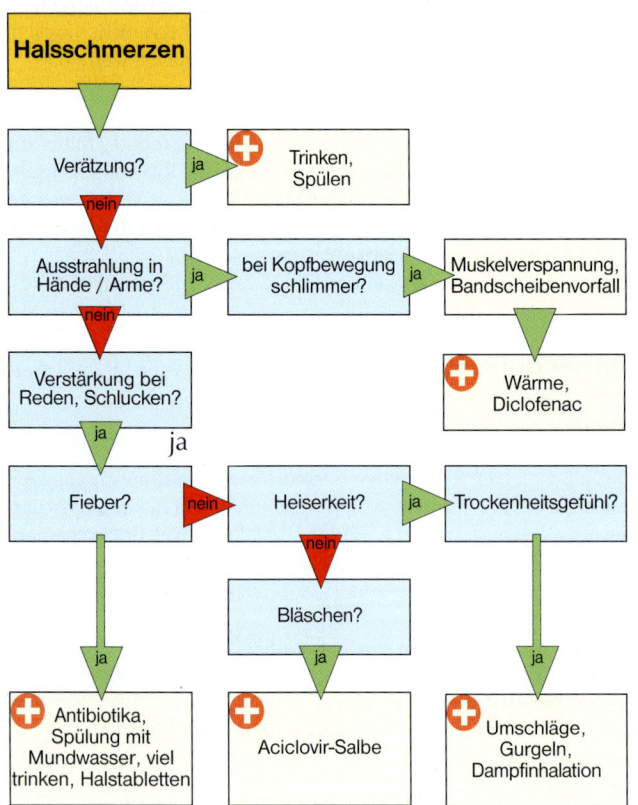

Halsschmerzen

Verätzung? — ja → Trinken, Spülen

nein

Ausstrahlung in Hände / Arme? — ja → bei Kopfbewegung schlimmer? — ja → Muskelverspannung, Bandscheibenvorfall → Wärme, Diclofenac

nein

Verstärkung bei Reden, Schlucken? — ja

Fieber? — nein → Heiserkeit? — ja → Trockenheitsgefühl?

nein

Bläschen? — ja

ja → Antibiotika, Spülung mit Mundwasser, viel trinken, Halstabletten

ja → Aciclovir-Salbe

ja → Umschläge, Gurgeln, Dampfinhalation

Bedrohlichkeit

Nur Verätzungen sind langfristig bedrohlich. Sonst ist die Bedrohung eher gering.

Therapie

Verätzung
+ Spülen und immer wieder spülen mit Wasser. Viel trinken.
⚠ Die eventuelle Narbenbildung in der Speiseröhre kann langfristig zu Schluck-Problemen führen.

Halsschmerzen mit Ausstrahlung in die Arme
Rückenschmerzen, Verschlimmerung bei Kopfbewegung (↗Muskelverspannung oder ↗Bandscheibenvorfall).
+ Wärme, Diclofenac (z. B. Voltaren® 3 x 100 mg).

Halsschmerzen mit Fieber
❏ Fieber zeigt eine Infektion an. Da die meisten Infektionen im Halsbereich durch Viren entstehen, ist eine Antibiotika-Therapie sinnlos.
+ Viel trinken, Umschläge, gurgeln mit Halswasser und Dampfinhalation.
❏ **Rötung im Rachen** mit eitrig belegten Mandeln zeigt eine bakterielle Infektion an.
+ Hier sind Antibiotika sinnvoll.
+ Zusätzlich viel trinken und mit Mundwasser oder Rachenspüllösung gurgeln.

Bläschen
Bläschen an den Lippen und am Mund und Hals stammen auch von einer Virusinfektion (Herpes).
+ Hier hilft eine antivirale Salbe (Aciclovir®) plus Vorbeugung einer bakteriellen Überinfektion durch Gabe einer antibiotikahaltigen Salbe, wie Refobacin®-Salbe oder Aureomycin®-Salbe.

Brustschmerzen

Schmerzen im Brustkorb, insbesondere wenn sie akut auftreten und intensiv sind, werden in der Regel auf das Herz bezogen und beängstigend wenn nicht gar als lebensbedrohlich erlebt. In der Tat sind etwa 80 % der im Brustkorb empfundenen Schmerzen kardialer Ursache. Gleichwohl gibt es eine Fülle von nicht mit dem Herzen zusammenhängenden Beschwerden, die das Symptom Brustschmerz verursachen können. In jedem Fall muss ein akut einsetzender Brustschmerz ernst genommen werden.

Begriff

Unter Brustschmerz versteht man im Brustraum erlebte, oft akut einsetzende Schmerzen unterschiedlicher Ausdehnung und Ausprägung, die nur Sekunden dauern, manchmal aber auch Stunden anhalten können. Der Schmerzort kann punktförmig begrenzt, aber auch auf die halbe Brustseite ausgedehnt sein. Die Schmerzintensität reicht von leichten Stichen bis hin zu vernichtenden Schmerzen mit Todesangst.

Ursachen

Brustschmerz kann neben dem Herzen durch einige andere Organe verursacht sein. Es kommen hier im Wesentlichen Lunge und Lungenkreislauf, Rippenfell, Blutgefäße, Rippen und Wirbelsäule, Speiseröhre, Muskeln und Nerven in Frage. Selten strahlt ein Bauchorgan als Schmerzgrund in den Brustraum aus. So kann beispielsweise der Schmerz eines Magengeschwürs im Brustraum empfunden werden. Nicht nur für den medizinischen Laien ist es schwierig, eine Zuordnung zum betroffenen Organ oder Organsystem zu treffen.

Krankheitszeichen

Es sollte zunächst der Schmerz näher charakterisiert werden nach:
❏ **Intensität:** leicht – stark – vernichtend.
❏ **Art:** dumpf – stechend – bohrend.
❏ **Dauer:** Sekunden – Minuten – Stunden anhaltend.

❏ **Ausdehnung:** punktförmig – umschrieben (z. B. vor dem Herzen) – weiträumig (z. B. linke Brusthälfte).
❏ **Ausstrahlung:** linker Arm, Hals, Bauch, Genick.
❏ **Begleitsymptome:** Angst, Erbrechen, Fieber.

Darüber hinaus kann auch der Laie auf folgende Befunde hin untersuchen, die weiter gehende Rückschlüsse zulassen:
❏ **Muskuläre Verhärtung:** tastbarer Muskelhartspann.
❏ **Perikardreiben:** über dem Herzen hörbares, kratzendes Reibegeräusch bei Herzbeutelentzündung (Perikarditis).
❏ **Pleurareiben:** über den Lungen hörbares, atemsynchrones Reibegeräusch bei Rippenfellentzündung (Pleuritis).
❏ **Hypersonorer Klopfschall:** Beim Beklopfen beider Lungen klingt die betroffene Seite deutlich hohler als die andere (Pneumothorax).
❏ **Abgeschwächtes Atmen:** Beim Abhorchen ist das Atemgeräusch der betroffenen Seite schwächer als auf der anderen (Pneumothorax).

Bedrohlichkeit

Wie bereits erwähnt, wird Brustschmerz häufig als vom Herzen kommend erlebt und daher als bedrohlich empfunden. Verallgemeinernd kann jeder akut einsetzende, heftige linksthorakale Schmerz mit Ausstrahlung als ernsthaft aufgefasst werden.

Therapie

Erkrankungen, die sich als Verdachtsdiagnosen aus dem Flussdiagramm Brustschmerz ergeben können, werden unterteilt in solche, die einer Selbstbehandlung zugänglich sind, und diejenigen, die eine baldige ärztliche Diagnostik und Behandlung erfordern.

Selbstbehandelbare Erkrankungen
✚ **Vertebragen:** Als Schmerzmittel Diclofenac (Voltaren®) 2 x 50 mg. Evtl. Massage.
✚ **Muskulär:** Bettruhe und Wärme. Als Schmerzmittel Diclofenac 2 x 50 mg, Metamizol (Novalgin®) 3 x 20 Trpf., Diazepam 10 mg. Evtl. Massage.

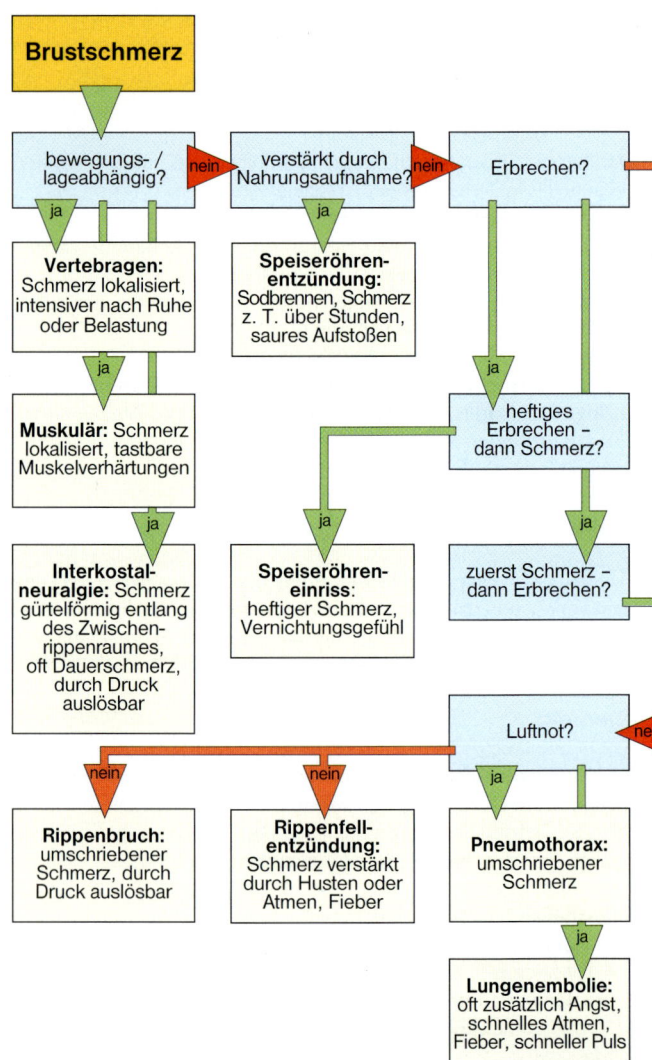

Brustschmerz

bewegungs- / lageabhängig? — nein → verstärkt durch Nahrungsaufnahme? — nein → Erbrechen?

ja ↓

Vertebragen: Schmerz lokalisiert, intensiver nach Ruhe oder Belastung

ja ↓

Muskulär: Schmerz lokalisiert, tastbare Muskelverhärtungen

ja ↓

Interkostal- neuralgie: Schmerz gürtelförmig entlang des Zwischen- rippenraumes, oft Dauerschmerz, durch Druck auslösbar

ja ↓ (Nahrungsaufnahme)

Speiseröhren- entzündung: Sodbrennen, Schmerz z. T. über Stunden, saures Aufstoßen

↓

Speiseröhren- einriss: heftiger Schmerz, Vernichtungsgefühl

ja ↓ (Erbrechen)

heftiges Erbrechen – dann Schmerz?

ja ↓

zuerst Schmerz – dann Erbrechen?

Luftnot? — nein

ja ↓

Pneumothorax: umschriebener Schmerz

ja ↓

Lungenembolie: oft zusätzlich Angst, schnelles Atmen, Fieber, schneller Puls

nein ↓

Rippenbruch: umschriebener Schmerz, durch Druck auslösbar

nein ↓

Rippenfell- entzündung: Schmerz verstärkt durch Husten oder Atmen, Fieber

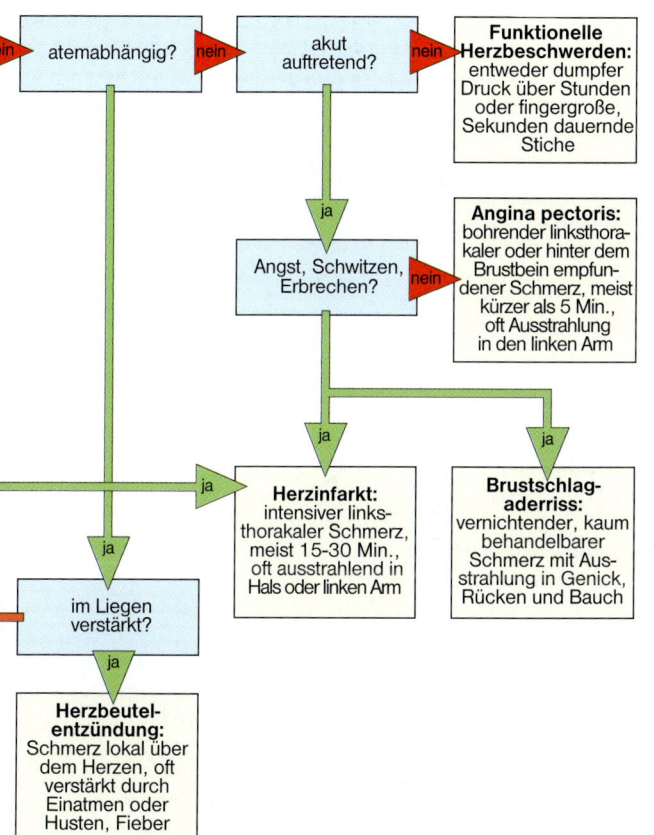

Entscheidungsweg

Schmerzen

- **Intercostalneuralgie:** Schmerzmittel Metamizol 3–4 x 500 mg/Tag.
- **Speiseröhrenentzündung:** Alkohol und scharfes Essen meiden. Omeprazol 2 x 20 mg.
- **Herzbeutelentzündung:** Bettruhe. Absolute Schonung. Schmerzmittel Metamizol 3–5 x 500 mg. Auch nach Besserung der Beschwerden ist eine baldige ärztliche Untersuchung notwendig, da die Ursache geklärt und evtl. Folgezustände behandelt werden müssen.
- **Pneumothorax:** Bettruhe, flach lagern. Als Schmerzmittel Metamizol 3–4 x 500 mg. Codeinphosphat (Codicaps® 2 x 1 Kps.). Sofort zum Arzt! Im Fall eines vermuteten Spannungspneumothorax (erheblicher Brustschmerz, Luftnot, Zyanose, Vernichtungsgefühl) Entlastungspunktion. Hierzu wird mit einer möglichst großen Hohlnadel am Oberrand (!) der 3. oder 4. Rippe von oben seitlich in die Brust eingestochen. Wenn erfolgreich (hörbares Entweichen von Luft) Abdeckung der Wunde.
- **Rippenfellentzündung:** Als Schmerzmittel Metamizol 3–4 x 500 mg. Codeinphosphat (Codicaps® 2 x 1 Kps.).
- **Rippenbruch:** Als Schmerzmittel Metamizol 3–4 x 500 mg. Codeinphosphat (Codicaps® 2 x 1 Kps.).
- **Funktionelle Herzbeschwerden:** Bettruhe. Autogenes Training. Evtl. Diazepam.
- **Angina pectoris:** Körperliche Schonung. Die Gabe von Nitro-Spray ist therapeutisch und diagnostisch. Das Verschwinden der Schmerzen nach Nitro-Gabe deutet auf eine Minderdurchblutung des Herzens, macht zugleich das Vorliegen eines Herzinfarktes unwahrscheinlich. Bei Erstsymptomatik unverzüglicher Arztkontakt.

Krankheiten, die dringender ärztlicher Behandlung bedürfen

> ⚠ Bei den Verdachtsdiagnosen **Herzinfarkt, Lungenembolie, Speiseröhreneinriss** und **Brustschlagaderriss** ist schnellstmöglich ein Arzt oder eine Klinik aufzusuchen.

- Bis zum Erreichen professioneller Hilfe beschränkt sich die Selbstbehandlung auf eine größtmögliche körperliche Schonung, am besten Bettruhe, und auf eine Schmerzbehandlung. Da die hier genannten Erkrankungen in der Regel starke Schmerzen verursachen, müssen hohe Dosen der verfügbaren Schmerzmittel verabreicht werden, z. B. 1000 mg ASS + 500 mg Novalgin®.

Bauchschmerzen

Fast jeder hat in seinem Leben schon einmal unter Bauchschmerzen gelitten und die Erfahrung gemacht, dass diese ungeachtet ihrer Heftigkeit durchaus flüchtig sein können. Nicht jede Magenschleimhautentzündung nach durchzechter Nacht oder Blähungen sind Gründe, einen Arzt aufzusuchen. In den meisten Fällen sind abwartendes Verhalten, Bettruhe und das Weglassen von Alkohol und fetten Speisen ausreichende Therapie.

Begriff

Unter Bauchschmerzen versteht man akut auftretende oder sich langsam entwickelnde Schmerzen unterschiedlicher Heftigkeit, die im Bauchraum empfunden werden. Das Schmerzspektrum kann von einem leichten Druckgefühl bis zu vernichtenden Schmerzen reichen.

Ursachen

Die Gründe für Bauchschmerzen sind außerordentlich vielfältig und können selbst ein Krankenhaus vor unlösbare Aufgaben stellen. Wichtig zu wissen ist, dass Bauchschmerzen nicht immer durch eine Erkrankung eines Bauchorgans verursacht sein müssen. So kann zum Beispiel ein Herzinfarkt zunächst mit Schmerzen im Obermittelbauch beginnen oder eine Rippenfellentzündung als Flankenschmerz erlebt werden.

Eine erste Schmerzeinteilung ist die Differenzierung in viszeralen und somatischen Schmerz.

❏ Der **viszerale Schmerz** betrifft in der Regel ein Hohlorgan (Magen, Dünndarm, Dickdarm) des Bauchraums, ist meistens krampfartig und wird durch Herumgehen für den Betroffenen erleichtert.

❏ Hingegen ist der **somatische Schmerz** an eine Beteiligung der Bauchwand und des Bauchfells gebunden, verläuft eher als Dauerschmerz und wird durch ruhiges Liegen gelindert. Beide Schmerzarten können überlappen.

Schmerzen

Krankheitszeichen

Neben dem Schmerz, der grob nach Ort, Intensität und zeitlichem Verlauf – plötzlich einsetzend, langsam zunehmend, wellenförmig wiederkehrend – charakterisiert werden sollte, gibt es spezielle Zeichen, die bei der körperlichen Untersuchung des Bauchraums gefunden werden können:

A Abwehrspannung: Schon leichtes Betasten einer Region führt zu einer Anspannung und Verhärtung der Bauchmuskulatur.

B Loslassschmerz: Die Schmerzempfindung tritt erst oder insbesondere beim Loslassen einer bestimmten Bauchregion auf.

C Totenstille: Beim Abhorchen des Bauchraumes ist nichts (kein Plätschern, kein Gluckern) zu hören.

D Klopfschmerz: Das Beklopfen einer Bauchregion führt zu einer deutlichen Schmerzempfindung.

E Druckschmerz: Dosierter Druck auf eine Stelle löst ein Schmerzgefühl aus.

Die Symptome A, B, C sind zumeist Zeichen einer ernsthafteren Erkrankung. Sollten die oben aufgeführten Symptome bei einzelnen Erkrankungen auftreten, sind sie in den folgenden Tabellen mit dem entsprechenden Buchstaben vermerkt.

Bedrohlichkeit

Die sichere Einschätzung der Gefährlichkeit des Symptoms Bauchschmerz ergibt sich meist aus dem Verlauf der Erkrankung.

Um auf Reisen eine Einschätzung einer Selbstbehandlungsmöglichkeit vorzunehmen, empfiehlt sich die Einteilung der Erkrankungen in zwei Hauptgruppen.

❏ **Risikogruppe 1:** Erkrankungen, die abwartendes Verhalten rechtfertigen und wahrscheinlich selbst behandelt werden können:
- Langsamer Schmerzbeginn (länger als 48 Stunden).
- Ähnliche Beschwerden in der Vorgeschichte, die von selbst wieder besser wurden.
- Fehlen von Loslassschmerz, Abwehrspannung, Totenstille und Blut im Stuhl.

❑ **Risikogruppe 2:** Erkrankungen, die einer dringlichen ärztlichen Abklärung, evtl. einer Operation bedürfen (akuter Bauch):
- Rascher Schmerzbeginn.
- Erbrechen folgt dem Schmerz.
- Vorausgegangene Bauchoperationen.
- Loslassschmerz.
- Abwehrspannung.
- Totenstille.
- Blut im Stuhl.

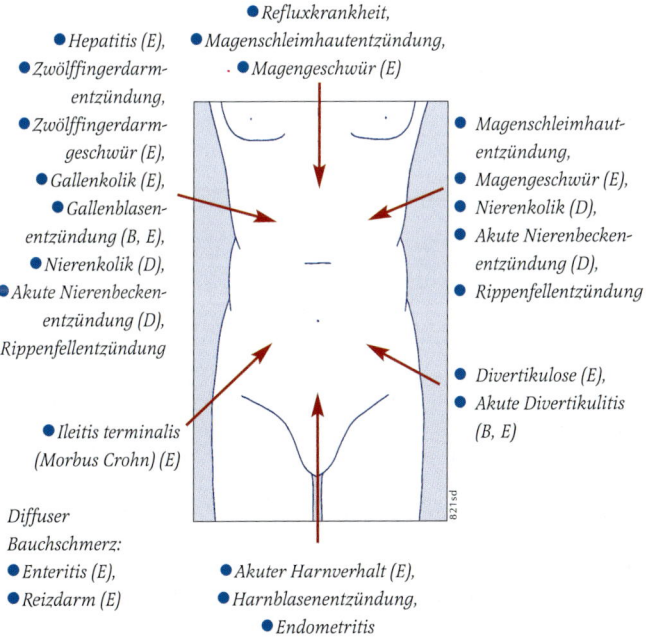

● Refluxkrankheit,
● Magenschleimhautentzündung,
● Magengeschwür (E)

● Hepatitis (E),
● Zwölffingerdarm-
  entzündung,
● Zwölffingerdarm-
  geschwür (E),
● Gallenkolik (E),
● Gallenblasen-
  entzündung (B, E),
● Nierenkolik (D),
● Akute Nierenbecken-
  entzündung (D),
● Rippenfellentzündung

● Magenschleimhaut-
  entzündung,
● Magengeschwür (E),
● Nierenkolik (D),
● Akute Nierenbecken-
  entzündung (D),
● Rippenfellentzündung

● Divertikulose (E),
● Akute Divertikulitis
  (B, E)

● Ileitis terminalis
  (Morbus Crohn) (E)

Diffuser
Bauchschmerz:
● Enteritis (E),
● Reizdarm (E)

● Akuter Harnverhalt (E),
● Harnblasenentzündung,
● Endometritis

Erkrankungen der Risikogruppe 1 mit ihrem bevorzugten Schmerzort

Entscheidungsweg Risikogruppe 1

Auf die Problematik der Ursachenfindung wurde bereits hingewiesen. Der einzige für Laien gangbare Diagnoseweg scheint der zu sein, sich über das Wo? des Bauchschmerzes, evtl. bekannte Vorerkrankungen, den zeitlichen Ablauf der Schmerzentwicklung und der Berücksichtigung von Zusatzsymptomen zu einer begründeten Verdachtsdiagnose vorzutasten. Aus dieser ergibt sich ein symptomatischer Therapieansatz oder die Einschätzung der Dringlichkeit, einen Arzt aufzusuchen.

Das Bauchschema ordnet mögliche Erkrankungen der Risikogruppe 1 dem häufigsten Schmerzort zu. Der Bauchraum wird in die Regionen rechter Oberbauch, Obermittelbauch, linker Oberbauch, rechter Unterbauch, Untermittelbauch, linker Unterbauch und diffuser Schmerz des gesamten Bauchraums unterteilt. Die nachfolgenden Tabellen führen von diesen Regionen ausgehend weiter zu einer Verdachtsdiagnose.

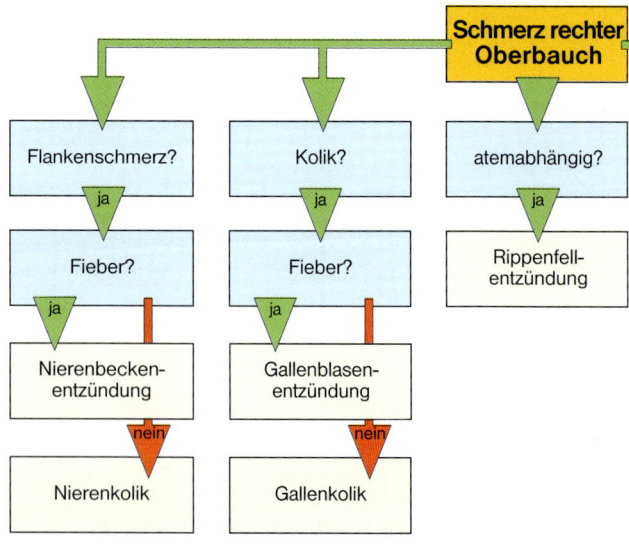

In diesem Zusammenhang weisen wir darauf hin, dass der seltene Fall eines nur die Bauchmuskulatur betreffenden Hitzekrampfs (s. Kapitel „Hitzeschäden") eine akute Baucherkrankung vortäuschen kann.

Therapie Risikogruppe 1

Nachfolgende Therapieübersicht beschreibt Maßnahmen, die bei bestimmten Verdachtsdiagnosen selbst ergriffen werden können oder weist auf die Dringlichkeit hin, einen Arzt aufzusuchen. Berücksichtigt sind nur Erkrankungen der Risikogruppe 1, also solche, bei denen die Gefahr einer Selbstbehandlung kalkulierbar ist.

Die Gabe von Schmerzmitteln ist nicht unproblematisch, da sie die Symptomatik verschleiert und die Diagnostik erschwert. Wenn Sie also bald einen Arzt erwarten, versuchen Sie ohne Schmerzmittel auszukommen. Bei starken Schmerzen und an entlegenem Ort ist aber fast alles erlaubt.

Schmerzen

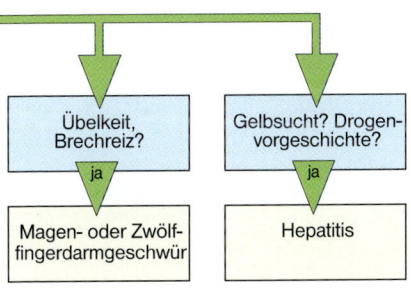

Diagnose rechter Oberbauch, Risikogruppe 1

Therapie rechter Oberbauch, Risikogruppe 1

Erkrankung	Allgemeinmaßnahmen	Schmerzmittel
akute Gallenblasenentzündung	*Nulldiät, Puls überwachen*	*Metamizol 500 mg*
Gallenkolik	*Nahrungsenthaltung*	*Metamizol 500 mg*
Hepatitis	*Bettruhe*	*keine*
Nierenkolik	*viel trinken*	*Metamizol 500 mg*
Nierenbeckenentzündung	*lokale Wärme, trinken > 1,5 l*	*Metamizol 500 mg*
Rippenfellentzündung	*Bettruhe*	*Metamizol 500 mg*
Zwölffingerdarmgeschwür, Zwölffingerdarmentzündung, Magengeschwür	*(wenig Fett, kein Alkohol) Schonkost*	*keine*

Diagnose Obermittelbauch, Risikogruppe 1

Zusatzsymptome	Vorgeschichte
Sodbrennen	*Zwerchfellbruch bekannt*
Übelkeit, Brechreiz	*Geschwürsleiden*

Therapie Obermittelbauch, Risikogruppe 1

Erkrankung	Allgemeinmaßnahmen	Schmerzmittel
Refluxkrankheit	*Alkohol meiden*	*keine*
Magenschleimhaut-entzündung, Magengeschwür	*Schonkost*	*keine*

Diagnose linker Oberbauch, Risikogruppe 1

Siehe Flussdiagramm rechter Oberbauch auf Seite 70. Es entfallen jedoch die

Zusatzsymptome	Vorgeschichte, Geschlecht
Übelkeit, Brechreiz	*Geschwürsleiden*
Flankenschmerz	*Nierensteinleiden, Frauen*
Flankenschmerz, Fieber	*Nierensteinleiden, Diabetes, Frauen*
atemabhängiger Schmerz	*Erkältung*

* *Dosierung Butylscopolaminiumbromid: 1-2 x 10 mg*
** *Dosierung Ciprobay®: 2 x 125-250 mg/Tag*

Ciprofloxacin (Ciprobay®)**	Sonstiges	Arztkontakt
ja	Butylscopolaminiumbromid*	wenn Symptome bleiben
nein	Butylscopolaminiumbromid*	nicht zwingend
nein		zur Diagnosesicherung
nein	Butylscopolaminiumbromid*	nicht zwingend
ja	Butylscopolaminiumbromid*	wenn möglich
ja, besser Ampicillin	Codein (2 x 1 Codicaps®)	bei Gelegenheit
nein	Omeprazol 20 mg	nicht zwingend
	Rantidin 300 mg	

Zeitverlauf	Symptomkürzel	Verdachtsdiagnose
schnell, brennend		Refluxkrankheit
langsam	E	Magenschleimhautentzündung, Magengeschwür

Ciprofloxacin (Ciprobay®)**	Sonstiges	Arztkontakt
nein	Omeprazol 40 mg	
nein	Omeprazol 20-40 mg	

gnosen Gallenkolik, Gallenblasenentzündung und Hepatitis.

Zeitverlauf	Symptomkürzel	Verdachtsdiagnose
langsam	E	Magenschleimhautentzündung, Magengeschwür
auf- + abschwellend	D	Nieren-Kolik
plötzlich	D	Nierenbeckenentzündung
variabel		Rippenfellentzündung

Schmerzen

Therapie linker Oberbauch, Risikogruppe 1

Erkrankung	Allgemeinmaßnahmen	Schmerzmittel
Magenschleimhaut-entzündung, Magengeschwür	Schonkost	keine
Nierenkolik	viel trinken	Metamizol
Nierenbeckenentzündung	lokale Wärme, trinken > 1,5 l	Metamizol,
Rippenfellentzündung	Bettruhe	Metamizol, Buprenorphin

Diagnose rechter Unterbauch, Risikogruppe 1

Zusatzsymptome	Vorgeschichte
Durchfall	Morbus Crohn?

Therapie Rechter Unterbauch, Risikogruppe 1

Erkrankung	Allgemeinmaßnahmen	Schmerzmittel
Ileitis terminalis	Vermeidung blähender Speisen, schlackenfreie Diät	keine

Diagnose Untermittelbauch, Risikogruppe 1

Zusatzsymptome	Vorgeschichte, Geschlecht
sichtbare Schwellung	kalte Getränke, Prostata (nur Männer)
häufiges Wasserlassen, Schmerzen beim Wasserlassen	vorzugsweise Frauen
Fieber, Ausfluss aus der Scheide	ausschließlich Frauen

* Dosierung Butylscopolaminiumbromid: 1-2 x 10 mg

** Dosierung Ciprobay®: 2 x 125-250 mg/Tag

Ciprofloxacin (Ciprobay®)**	Sonstiges	Arztkontakt
nein	Omeprazol 20-40mg	nicht zwingend
nein	Butylscopolaminiumbromid*	
ja	Butylscopolaminiumbromid*	nicht zwingend
bei Fieber > 38 °C: Ampicillin	Codein (2 x 1 Codicaps®)	nicht zwingend

Zeitverlauf	Symptomkürzel	Verdachtsdiagnose
variabel	E	Chronische Entzündung des letzten Dünndarmabschnittes (Ileitis terminalis)

Ciprofloxacin (Ciprobay®)**	Sonstiges	Arztkontakt
nein	bei Durchfall >6x/Tag Loperamid lingual 2 x1 Tbl., Mesalazin 3 x 500 mg, bei bekannter Diagnose: 3 x 1000 mg	bei nächster Gelegenheit

Zeitverlauf	Symptomkürzel	Verdachtsdiagnose
zunehmend	E	akuter Harnverhalt
langsam zunehmend		Harnblasenentzündung
zunehmend		Entzündung der Gebärmutter-schleimhaut (Endometritis)

Therapie Untermittelbauch, Risikogruppe 1

Erkrankung	Allgemeinmaßnahmen	Schmerzmittel
Akuter Harnverhalt		keine
Harnblasenentzündung		keine
Endometritis		ja

Diagnose linker Unterbauch, Risikogruppe 1

Zusatzsymptome	Vorgeschichte
Verstopfung	Stuhlunregelmäßigkeiten
Verstopfung, Erbrechen, Fieber	Stuhlunregelmäßigkeiten

Therapie linker Unterbauch, Risikogruppe 1

Erkrankung	Allgemeinmaßnahmen	Schmerzmittel
Divertikulose	flüssige Nahrung, evtl. Schonkost	keine
akute Divertikulitis	Nahrungskarenz	keine

Diagnose diffuser, nicht lokalisierter Schmerz, Risikogruppe 1

Zusatzsymptome	Vorgeschichte
Erbrechen, Durchfall, Fieber	Aufnahme „unsicherer" Nahrung
Verstopfung, Durchfall	Bauchschmerzen seit 1 Jahr
Durst, Bewusstsein schwindet	Zuckerkrankheit

* *Dosierung Butylscopolaminiumbromid: 1–2 x 10 mg*
** *Dosierung Ciprobay®: 2 x 125–250 mg/Tag*

Ciprofloxacin (Ciprobay®)**	Sonstiges	Arztkontakt
nein		Einmal-Katheter durch Arzt
ja		
ja		bei Gelegenheit

Zeitverlauf	Symptomkürzel	Verdachtsdiagnose
variabel,	E	sackförmige Ausstülpung der Dickdarmschleimhaut nach außen (Divertikulose)
plötzlich	B, E	akute Divertikulitis (Enzündung der Divertikel)

Ciprofloxacin (Ciprobay®)**	Sonstiges	Arztkontakt
nein	Butylscopolaminiumbromid*	
ja	Butylscopolaminiumbromid*	wenn keine Besserung

Zeitverlauf	Symptomkürzel	Verdachtsdiagnose
in der Regel akut	E	Enzündung der Dünndarmschleimhaut (Enteritis)
Besserung nach Stuhlgang	E	Reizdarm
langsam	E	scheinbare Bauchfellentzündung (Pseudoperitonitis)

Schmerzen

Therapie diffuser, nicht lokalisierter Schmerzen, Risikogruppe 1

Erkrankung	Allgemeinmaßnahmen	Schmerzmittel
Enteritis	viel Flüssigkeit und Elektrolyte	keine
Reizdarm		keine
diabetische Pseudoperitonitis		keine

Entscheidungsweg Risikogruppe 2

In der folgenden Tabelle sind Erkrankungen der Risikogruppe 2 aufgelistet, also solche, die dringend ärztlicher Abklärung und Hilfe bedürfen. Da Laien hier keine sinnvolle Diagnose stellen können, wurde auf eine Darstellung des hauptsächlichen Schmerzortes verzichtet.

Therapie Risikogruppe 2

Bei Erkrankungen der Risikogruppe 2 ist baldmöglichst ein Arzt oder ein Krankenhaus aufzusuchen. Eine Selbstbehandlung ist meist

Bauchschmerz, Risikogruppe 2

Vorgeschichte	Zusatzsymptome
Geschwürsleiden	„brettharter" Bauch
flatternder Puls, Sturz, Sprung	Blut im Urin, Harnverhalt
Alkohol, Gallensteine	Abwehrspannung, Gelb
Blinddarm nicht operiert, meist < 50 Jahre	Erbrechen, Fieber
Verstopfung, Blut im Stuhl	tastbarer Tumor, Kot-Erbrechen
Herzkranzgefäßerkrankung	Todesangst, kein Bauchbefund
Bluthochdruck	pulsierender Tumor, Vernichtungsgefühl

** Dosierung Ciprobay®: 2 x 125–250 mg/Tag

Ciprofloxacin (Ciprobay®)**	Sonstiges	Arztkontakt
nein	*Loperamid lingual 2 x 1 Tbl.*	*nicht zwingend*
nein		*nach der Reise*
nein	*Insulin*	*bei nächster Gelegenheit*

unmöglich oder in einigen Fällen sogar hinderlich, da sie die Symptomatik verschleiert und die notwendige Diagnostik erschwert.

Die Maßnahmen beschränken sich daher in der Regel auf die ruhige Lagerung des Kranken, die Zuwendung von Begleitpersonen und die möglichst zügige Organisation eines Krankentransports. Bei Bauchschmerzen bleibt der Kranke in der Regel nüchtern, isst und trinkt nicht.

In Ausnahmefällen, insbesondere bei stärksten Schmerzen und verzögertem Krankentransport, ist die Gabe eines Schmerzmittels vertretbar. Es können beispielsweise akut bis zu 2 x 500 mg Novalgin® in kurzen zeitlichen Abständen eingenommen werden.

Zeitverlauf	Symptomkürzel	Verdachtsdiagnose
plötzlich	*A, B, E*	*durchgebrochenes Geschwür*
plötzlich	*D*	*Niereninfarkt (teilw. Untergang von Nierengewebe)*
plötzlich, heftig	*B, E*	*Entzündung der Bauchspeicheldrüse (Pankreatitis)*
zunehmend von oben nach unten	*E*	*Blinddarmentzündung*
langsam zunehmend	*C, E*	*Querdarm-Ileus (Verschluss)*
plötzlich		*Herzinfarkt*
plötzlich, Dauerschmerz		*Riss einer erweiterten Bauchschlagader (Aneurysmaruptur)*

Schmerzen

Bauchschmerz, Risikogruppe 2

Vorgeschichte	Zusatzsymptome
flatternder Puls	*atemabhängiger Schmerz, Schulterschmerz*
Unfall, Malaria	*Schulterschmerz, Schock*
Männer > Frauen, rechts > links	
tastbarer Tumor	*Teerstuhl*
nur männliche Jugendliche	*Kollaps*
Regel ausgeblieben, Schwangerschaft	*Kollaps, Schock*
keine	*keine*
Verstopfung, Durchfall	*Teerstuhl*
Bauch-OP	*Erbrechen, Schock*
flatternder Puls, Herzklappenfehler	*blutiger Durchfall, heftigster Schmerz, Fieber*
Geschwürsleiden, Typhus	*„Totenstille", geblähter Bauch*

Rücken- und Ischias-Schmerzen

Begriff

Unter **Rückenschmerzen** sind hier Schmerzen gemeint, die auf den Rücken beschränkt sind.

Unter **Ischias-Schmerz** (Hexenschuss) ist ein Schmerz zu verstehen, der vom oder um den Rücken in Beine, Gesäß oder Geschlechtsteile ausstrahlt.

Ursachen

Jede Erkrankung im Bauch oder Brustkorb kann auch von Rückenschmerzen begleitet werden. Davon abzugrenzen sind: Schmerzen nach Unfällen, Tumore, Einklemmen von Nerven, rheumatische Erkrankungen.

Zeitverlauf	Symptomkürzel	Verdachtsdiagnose
plötzlich		*Milzinfarkt (teilw. Untergang von Milzgewebe)*
plötzlich		*Milzriss (Milzruptur)*
zunehmend		*eingeklemmter Leistenbruch*
langsam zunehmend	*E*	*Coecum-Tumor*
plötzlich		*Hodendrehung*
plötzlich		*Schwangerschaft außerhalb der Gebärmutter*
plötzlich		*stielgedrehte Eierstockzyste*
zunehmend	*E*	*Dickdarm-Tumor*
heftig, krampfartig	*C*	*Dünndarm-Ileus (Verschluss)*
plötzlich	*A, C*	*Mesenterialinfarkt (Untergang des Bauchgekröses)*
plötzlich	*B, E*	*Bauchfellentzündung*

Schmerzen *(seitlicher Schriftzug)*

Symptome

❏ **Schmerzen mit Ausstrahlung** in die Beine / Geschlechtsteile als Streifen auf der Haut, vom Rücken bis in die Großzehe oder seitlichen Fußrand. Schmerzverstärkung, wenn im Liegen das gestreckte Bein von der Unterlage abgehoben wird.

❏ **Lähmungen:** Zehenstand oder Fersenstand unmöglich oder erschwert oder Steigen auf einen Stuhl erschwert.

❏ **Gefühlsstörungen:** Kribbeln und Gefühlsstörungen oder pelziges Gefühl entsprechend der Schmerzstraße.

Bedrohlichkeit

❏ **Lähmung:** Je länger eine Lähmung besteht, desto schwieriger wird die Wiederherstellung.

⚠ **Gefühllosigkeit um den Analbereich** und in der Geschlechts- und Blasenregion und Fehlen der Blasenfunktion: Verdacht auf Blasenmastdarm-Lähmung : Sofort Arzt aufsuchen!

Entscheidungsweg

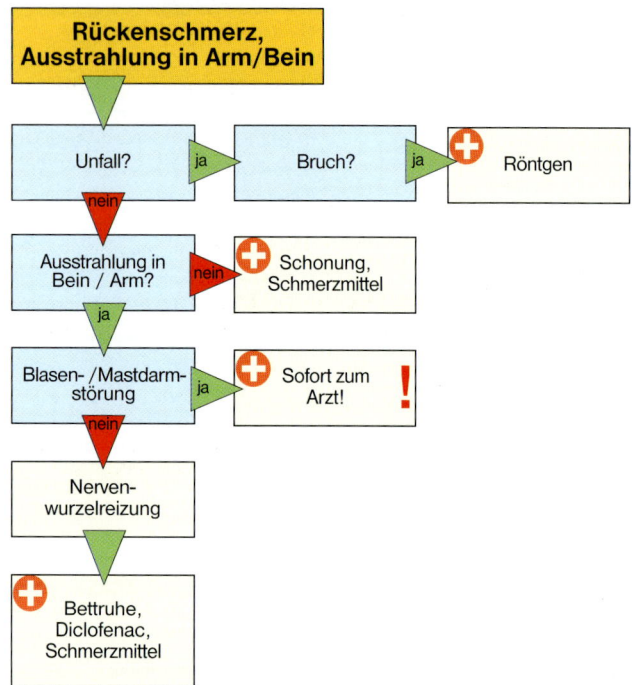

❏ Ist dies ein erstmalig auftretender Schmerz oder sind ähnliche Attacken bekannt? Wie wurde er behandelt?

❏ Verstärkte sich der Schmerz langsam oder hat er urplötzlich mit dieser Heftigkeit eingesetzt?

❏ Was muss passieren, damit der Schmerz auftritt? Gibt es bestimmte Bewegungen, die den Schmerz auslösen?

❏ Plötzlich auftretender Schmerz nach einem Unfall ist zuerst einmal verdächtig auf einen **Knochenbruch,** der heftige Rückenschmerz nach einem Unfall ist auch verdächtigt auf einen **Wirbelbruch.**

❏ Lassen sich beide Beine bewegen? Sind die Bewegungseinschränkungen durch den Schmerz bedingt oder lassen sie sich einfach nicht bewegen? Ist das Gefühl in beiden Beinen normal? Ist das Gefühl im Bereich der Geschlechtsteile und des Gesäßes normal? Wenn hier eine Frage eindeutig mit nein beantwortet wird, liegt ein **Querschnitt** vor, der durch einen Arzt abgeklärt werden muss!

❏ Häufigster Grund von Rückenschmerzen mit Ausstrahlung in Nacken und Arme sowie Schmerzen im unteren Bereich der Wirbelsäule mit Ausstrahlung in die Beine ist ein **Bandscheibenvorfall.** Der Schmerz kommt vom Rücken und strahlt wie ein Streifen am äußeren Bein in den Fuß (Arm). Der Bein-Schmerz lässt sich auslösen oder verstärken, wenn man beim liegenden Patienten das gestreckte Bein anhebt.

❏ Eine **Lähmung, eine Blasen-Mastdarm-Störung** sind ein absoluter Grund zu einer·Operation, d. h. den Arzt umgehend aufsuchen.

Therapie

✚ Schonung, Bettruhe, nichts heben, Wärme, Baden im wirklich warmen Wasser, Stufenbett (Decken und Kissen so einrichten, dass nur die Unterschenkel und Füße höher liegen).

✚ Entzündungshemmung und Schmerzlinderung: Diclofenac (Voltaren®) Tabletten oder Zäpfchen 3 x 100 mg.

✚ Muskelentspannendes Mittel (z. B. Valium®) 2–3 x 10 mg.

Schmerzen in den Gelenken

Begriff

Schmerzen in den Gelenken, die nicht ihre einfache Erklärung in einer Überlastung oder einer Verletzung haben, sind in den meisten Fällen Begleitsymptome anderer Erkrankungen.

Krankheitszeichen

Schmerz, Schwellung, Druckempfindlichkeit und Rötung sowie Beweglichkeitseinschränkung und Funktionseinbuße.

Schmerzen

Bedrohlichkeit

Die Bedrohlichkeit ist in Abhängigkeit von der Haupterkrankung zu sehen. In der Regel wird es sich aber um Erkrankungen handeln, bei denen die mangelnde Belastbarkeit zu Einschränkungen bei der Reise führt, die aber den Reiseverlauf an sich nicht in Frage stellen.

Entscheidungsweg

❏ Der Entscheidungsweg beginnt mit der Frage, ob die Gelenkschmerzen erstmalig nach einer **ungewöhnlichen Belastung** auftraten, also einer Überbelastung entsprechen, oder ob sie im Zusammenhang mit einem Unfall (Stolpern, Vertreten, Sturz) zu sehen sind. In diesen Fällen werden als Therapie Schonung, Ruhigstellung sowie Schmerzmittel und Entzündungshemmer (Diclofenac) ausreichen.

❏ Die Mehrzahl der Beschwerden ist im Zusammenhang mit einer **Infektion** zu sehen. Jede Infektion, sei es durch Viren oder Bakterien, kann als Begleitsymptom Gelenkschmerzen verursachen.

❏ Handelt es sich aber um ein akut auftretendes Ereignis mit **heftigen Schmerzen, Schwellung, Rötung, Überwärmung des Gelenks** mit Funktionsbeeinträchtigung, so verdient dies weitere Beachtung.

❏ Diese Zeichen **nach einer Halsentzündung** in Verbindung mit hohem Fieber, evtl. Herzbeschwerden, insbesondere Herzreiben (Abhören!), Leistungsknick und evtl. Luftnot, zum Teil auch kleine druckschmerzhafte Knötchen an den Unterschenkeln, sind sehr verdächtig auf ein **rheumatisches Fieber,** eine Streptokokken-Infektion. Die Entzündung „springt" von Gelenk zu Gelenk und betrifft besonders die großen Gelenke. Die Gefahr geht aber von der Entzündung am Herzen aus, hier kann es zu Vernarbungen an den Herzklappen kommen, eine Bedrohung auf lange Sicht.

✚ Deshalb rechtfertigt die Feststellung von Fieber und einer Gelenkentzündung eine Antibiotika-Therapie. Mittel der Wahl ist hier Pe-

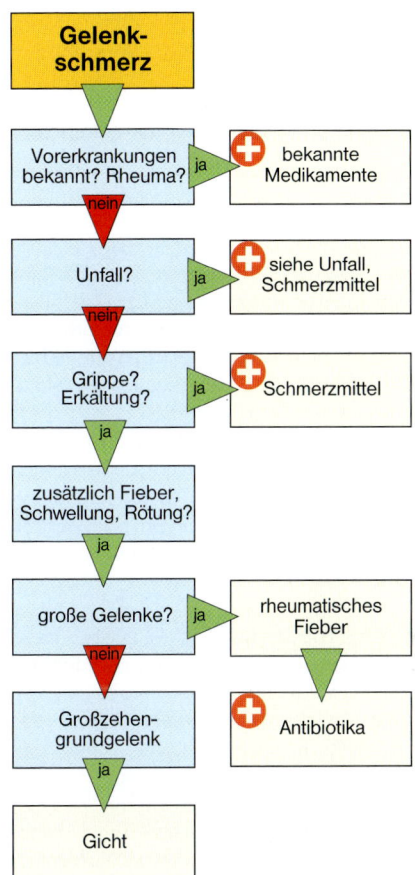

Gelenk-schmerz

Vorerkrankungen bekannt? Rheuma? — ja → bekannte Medikamente

nein

Unfall? — ja → siehe Unfall, Schmerzmittel

nein

Grippe? Erkältung? — ja → Schmerzmittel

ja

zusätzlich Fieber, Schwellung, Rötung?

ja

große Gelenke? — ja → rheumatisches Fieber

nein

Großzehen-grundgelenk → Antibiotika

ja

Gicht

Schmerzen

nicillin. Unsere Empfehlung für die Reiseapotheke, Ciprofloxacin, ist eine gute Alternative, bis eine ärztliche Behandlung einsetzt.

Von den vielen chronischen Erkrankungen des rheumatischen Formenkreises sind die für die Reise **problematischen Akuterkrankungen** abzugrenzen:

❏ Die **Chronische Polyarthritis** beginnt zuerst, meist symmetrisch, an den kleinen Gelenken, insbesondere den Fingergelenken mit einer schmerzhaften Schwellung. Das Fieber tritt seltener auf. Auffällig ist die Morgensteifigkeit. Dem Kranken geht es im Laufe des Tages besser. Die Krankheit führt über die Jahre zu einer Zerstörung der Gelenke mit Fehlstellungen der Knochen, am deutlichsten am Verbiegen der Fingerknochen in Richtung Elle (Ulnar-Deviation) zu sehen.

❏ Davon abzugrenzen ist die **Verschleißerkrankung** der Gelenke **(Arthrose).** Diese Erkrankung läuft auch über Jahre, Entzündungszeichen finden sich nicht. Kennzeichnend ist der nächtliche Schmerz. Dem Kranken geht es aber bei Tagesanbruch am besten. Die Belastungen des Tages führen zu einer Schmerzzunahme im Verlauf des Tages.

❏ Ein akuter Gelenkschmerz mit Entzündungszeichen, insbesondere nach einem Ess- und Trinkgelage, ist verdächtig auf einen **Gichtanfall.** (Vorgeschichte bekannt?) Meist sind Männer betroffen (m:w = 20:1) und meist kommt die Attacke nachts und betrifft das Großzehengrundgelenk. Ursächlich ist ein genetischer Defekt des Harnsäureabbaus im Körper.

✛ Die Therapie im akuten Gicht-Anfall erfolgt mit Colchizin (Colchicum Dispert® zuerst 5 mg, alle 2 Std. 2 mg). Da dies wahrscheinlich nicht vorhanden ist, muss auf Diclofenac (Voltaren®) 2–3 x 50 mg/Tag ausgewichen werden. Wichtiger ist die Vorbeugung: Zum einen muss die Trinkmenge gesteigert werden. Zum anderen ist Alkohol zu vermeiden. Der Anfall an Harnsäure ist durch eine mengenbegrenzte Diät zu reduzieren. Mittel der Wahl zur Vorbeugung sind harntreibende Mittel und Allopurinol (Zyloric®, Urosin®) 300 mg/Tag.

Therapie

Die chronischen Erkrankungen der Gelenke sind dem Kranken bekannt und er dürfte seine Mittel dabei haben.

✚ Akute Erkrankungen aber auch Verschlimmerungen bekannter Erkrankungen, auch nach Verletzungen, sprechen gut auf Entzündungshemmer (z. B. Aspirin® 2–3 x 500 mg, Voltaren®) an.

✚ Bei Gelenkschmerz mit Entzündungszeichen (Rötung, Schwellung, Funktionsstörung, Überwärmung) und Fieber sollte zusätzlich ein Antibiotikum (z. B. Ciprobay® 2 x 250 mg/Tag) gegeben werden.

Fieber

Andere Bücher setzen voraus, dass man den Namen der Infektion kennt, an der man erkrankt ist. In diesem Buch soll vom Symptom Fieber der Weg zur Behandlung gezeigt werden.

Wir gehen davon aus, das der Reisende sich soweit auf die Reise vorbereitet hat, dass die Erkrankungen, die im Kapitel „Vorbereitungen auf die Reise" abgehandelt werden, als Ursache des Fiebers unwahrscheinlich sind. Wer also in ein ↗Malaria-Gebiet fährt, hat eine ausreichende Malaria-Prophylaxe, eine Reise in die ↗Gelbfiebergebiete erfordert eine Gelbfieberimpfung und Sex mit unbekannten Partnern erfordert Kondome (safer sex).

Es werden im Folgenden nur die Erkrankungen erwähnt, die während einer Reise von 3 Wochen ausbrechen können (Inkubationszeit 3 Wochen). Erkrankungen, die nach einer Reise, aber eventuell infolge der Reise auftreten, werden also nicht erwähnt. Dem Arzt zu Hause muss aber gesagt werden, dass man gerade von einer Reise zurückgekehrt ist.

Reiseerkrankungen, die vom Laien ohne Labordiagnostik nicht erkannt werden können, sind ebenfalls nicht berücksichtigt worden.

Begriff

Als Fieber wird jede Erhöhung der Körpertemperatur über 38,3 Grad Celsius bezeichnet. Gemeint ist damit die so genannte Körperkerntemperatur, gemessen im Anus oder Mund. Bei der Messmethode unter der Achsel müssen mindestens 0,5 Grad zum Messwert dazugezählt werden.

Ursachen

Eine Temperaturerhöhung des Körpers entsteht durch Wärmezufuhr von außen oder als Antwort des Körpers auf Eindringen eines „Fremdkörpers" (Bakterien, Viren etc.).

Krankheitszeichen

❏ Zu viel Wärmezufuhr durch extremes Sonnenbaden, ↗Sonnenstich.
❏ Das Fieber kann als einmaliges Ereignis auftreten (unbedeutend) oder als Dauerfieber oder wiederkehrend (Stunden/Tage/Wochen).

❏ Steht kein Fieberthermometer zur Verfügung, hilft der Temperatur-vergleich gesund/fiebrig. Hierzu fühlt man den Unterschied mit der Kleinfingerseite der Hand zuerst bei sich selbst und dann bei der erkrankten Person.

❏ Der Fiebernde sieht krank aus. Er fühlt sich schwach, der Puls ist schnell (mehr als 80 Schläge/Min.). Der Blick wirkt „glasig".

Bedrohlichkeit

Die Bedrohung aus dem Fieber ergibt sich aus dem offensichtlichen Kranksein des Kranken. Die Frage ist, ob die Infektion abgewehrt werden kann, das Fieber also sinkt, oder weiter steigt und der Verfall des Kranken weiter fortschreitet.

Hohes Fieber über 39 °C zwingt zur Bettruhe. Der Kranke wird schläfrig, der Puls wird immer schneller. Die generelle Infektion (Sepsis) des Gesamtkörpers kann dann zum lebensbedrohlichen septischen ↗Schock führen. Die Unterscheidung zwischen der noch gut beherrschbaren Infektion und der lebensbedrohenden Erkrankung ist das eigentliche Problem.

Entscheidungsweg

❏ **Fieber mit Schmerzen:** Ist das Fieber Folge einer örtlich beschränkten (lokalen) Infektion? Dann finden sich die klassischen Zeichen einer lokalen Eiterung mit Schwellung, Rötung und Überwärmung. Da diese Schwellung in der Regel weh tut, ist die Stelle leicht zu finden. Finden sich also solche Stellen an der Haut, Zahnfleisch, Finger? Gab es vor Kurzem einen Unfall mit einer Wunde oder eine Bissverletzung?

✚ Wenn die Haut über der Eiteransammlung gespannt, glasig aussieht, wenn die Flüssigkeit darunter beweglich ist, so sollte man bei starken Schmerzen erwägen, in die Eiterblase hinein zu stechen. Mit einer Spritze mit aufgesetzter, nicht zu kleiner Nadel wird in die Blase gestochen und dann mit der Spritze angesogen. Oder man macht mit einem sterilen Messer einen Schnitt. Anschließend muss die Wunde täglich verbunden werden. Zusätzlich muss mit einer Antibiotika-Therapie begonnen werden.

Lässt sich keine lokale Eiterung feststellen, muss nach Begleitsymptomen gesucht werden.

❏ **Fieber mit Schnupfen, Hustenreiz, Heiserkeit und Halsschmerzen** weist auf eine in der Regel durch Viren verursachte Infektion der oberen Luftwege hin. ↗Fieber.

✚ Hier ist keine Therapie außer Halstabletten (Dorithricin®) und Wärmezufuhr notwendig. Keine Antibiotika!

❏ **Fieber mit Husten und eitrigem Auswurf, Schmerzen beim Atmen** stellt eine Infektion der unteren Luftwege dar.

✚ Husten und Auswurf ➡ Antibiotika-Therapie.

❏ **Fieber verbunden mit Schüttelfrost** – nicht Frösteln –, schwerem Krankheitsgefühl, Pulsbeschleunigung und später Blutdruckabfall (Schock) sind Zeichen der **Blutvergiftung (Sepsis).** Wird die Sepsis, weil nicht beherrschbar, schlimmer (Fieber steigt weiter, Verfall des Kranken nimmt zu), so ist sie lebensbedrohlich.

✚ Antibiotika-Therapie (Ciprobay® 2 x 250 mg/Tag) und schnellstmöglich Arztbesuch notwendig.

❏ **Fieber mit zunehmender Leistungsschwäche,** Luftnot, eventuell Herzschmerzen und Herzstolpern und Schwellung der Beine sind Zeichen der **Herz- bzw. Herzbeutelentzündung.**

✚ Antibiotika-Therapie (Ciprobay® 2 x 250 mg/Tag) und Arztbesuch notwendig.

❏ **Fieber mit Bauchschmerzen,** eventuell Erbrechen, Durchfall oder Verstopfung deutet auf eine Entzündung von Bauch, Leber oder Galle hin.

✚ Antibiotika-Therapie (Ciprobay® 2 x 250 mg/Tag)ist angezeigt.

❏ **Fieber mit Drang zum Wasserlassen,** Schmerzen in den Flanken oder im Schambeinbereich deuten auf eine Harnwegsinfektion hin.

✚ Antibiotika-Therapie (Ciprobay® 2 x 250 mg/Tag) ist angezeigt.

❏ **Fieber mit Augen-, Ohren- oder Zahnschmerzen** deutet auf eine entzündliche Erkrankung von Ohren, Augen oder Zähnen oder Kiefer hin.

Fieber

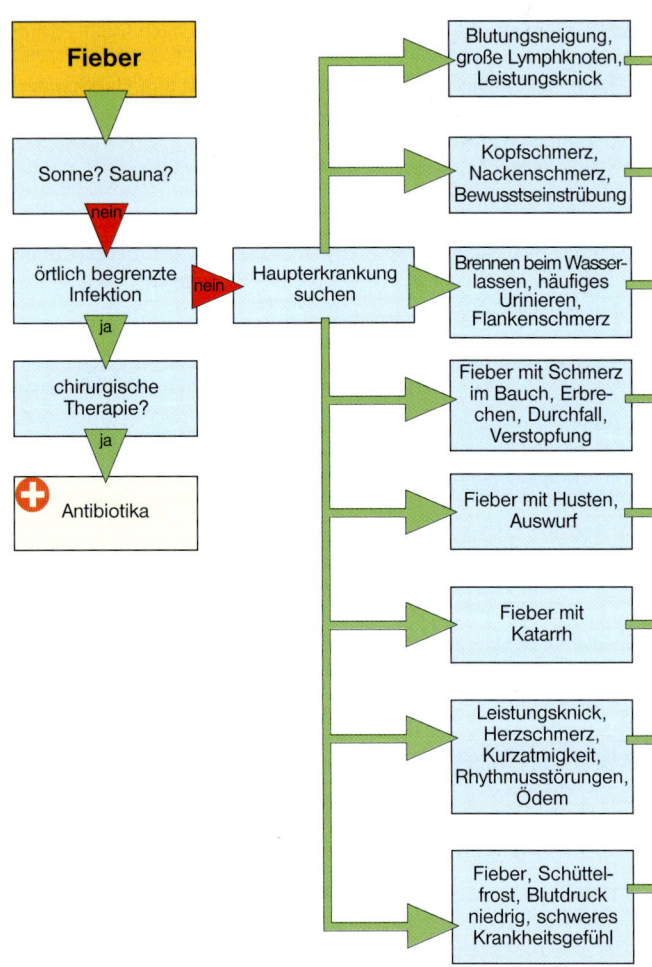

Fieber

Sonne? Sauna?

nein

örtlich begrenzte Infektion

nein

ja

chirurgische Therapie?

ja

Antibiotika

Haupterkrankung suchen

Blutungsneigung, große Lymphknoten, Leistungsknick

Kopfschmerz, Nackenschmerz, Bewusstseinstrübung

Brennen beim Wasserlassen, häufiges Urinieren, Flankenschmerz

Fieber mit Schmerz im Bauch, Erbrechen, Durchfall, Verstopfung

Fieber mit Husten, Auswurf

Fieber mit Katarrh

Leistungsknick, Herzschmerz, Kurzatmigkeit, Rhythmusstörungen, Ödem

Fieber, Schüttelfrost, Blutdruck niedrig, schweres Krankheitsgefühl

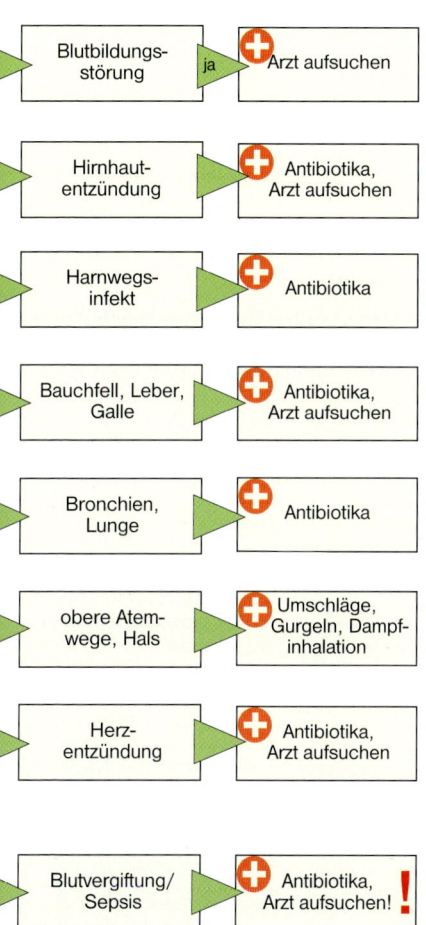

Blutbildungs-
störung **ja** Arzt aufsuchen

Hirnhaut-
entzündung Antibiotika,
Arzt aufsuchen

Harnwegs-
infekt Antibiotika

Bauchfell, Leber,
Galle Antibiotika,
Arzt aufsuchen

Bronchien,
Lunge Antibiotika

obere Atem-
wege, Hals Umschläge,
Gurgeln, Dampf-
inhalation

Herz-
entzündung Antibiotika,
Arzt aufsuchen

Blutvergiftung/
Sepsis Antibiotika,
Arzt aufsuchen!

Fieber

+ Behandlung der Schmerzen und des Fiebers mit Novalgin® 3 x 500 mg/Tag. Wenn keine Besserung → Arzt.
❏ **Fieber mit ↗Kopfschmerzen, Nackenschmerzen,** heftiger Schmerzreaktion, wenn man dem ausgestreckt liegenden Patienten den Kopf anhebt, zunehmende Schläfrigkeit bis zur fehlenden Erweckbarkeit deutet auf eine Entzündung des zentralen Nervensystems hin.
+ Diese Erkrankung ist bedrohlich, eine Antibiotika-Therapie ist absolut notwendig.

❏ **Fieber mit Kopf- und Gliederschmerzen** weisen auf eine Virusinfektion hin. Plötzliches Fieber mit Kopf und heftigsten Gliederschmerzen ist typisch für das **Denguefieber** in den dafür typischen Gebieten (↗Tropenkrankheiten).

❏ **Fieber mit Schwellung der Lymphknoten im Nacken** ist ein Zeichen der **Schlafkrankheit,** in den dafür bekannten Gebieten (↗Tropenkrankheiten).

❏ **Plötzliches Fieber mit Schüttelfrost, Kopf- und Gliederschmerzen in Malariagebieten** ist zuerst und bis zum Beweis des Gegenteils bei fehlender oder unzureichender Vorbeugung (siehe „Vor der Reise") ein ↗Malariaanzeichen.

Blutungen

Spontanblutung

Spontan auftretende Blutungen – gemeint sind hier nicht Blutungen des Verdauungstraktes (s. Kapitel „Innere Blutungen") – sind Folge einer Blutgerinnungsstörung und äußern sich durch Haut- und/oder Schleimhauteinblutungen. Für den Laien ist hier ebenso wie beim Symptom Blässe/Anämie eine Diagnostik nicht möglich. Daher werden in diesem Kapitel nur einige grundlegende Dinge zum besseren Verständnis referiert. Auf die Sonderform eines schwer stillbaren Nasenblutens wird in einem gesonderten Kapitel eingegangen.

Begriff

Unter Spontanblutung versteht man das Auftreten einer Blutung meist in der Haut, Schleimhäuten oder Gelenken, ohne dass eine erklärende Verletzung vorliegt.

Ursachen

Die Ursachen solcher Spontanblutungen sind angeborene oder erworbene Blutgerinnungsstörungen. Die Blutgerinnung wird durch drei Faktoren gewährleistet: Zunächst kommt es bei Verletzungen zu einer ersten Wundabdichtung durch Gefäßverschluss. Anschließend bleiben Blutplättchen (Thrombozyten) an der verletzten Stelle haften und dichten das Gefäßsystem weiter ab. Die plasmatische Blutgerinnung schließlich führt zu einem definitiven Wundverschluss durch Ausbildung eines ↗Fibringerinnsels. Alle drei Faktoren können allein oder in Kombination bei einer Blutgerinnungsstörung betroffen sein.

Fibringerinnsel
Netzförmiges Gerinnsel aus Eiweißbestandteilen der Blutgerinnung

Zu den vielen Ursachen, die auf das Blutgerinnungssystem Einfluss nehmen können, zählen:
- Störungen des körpereigenen Abwehrsystems.
- Infektionen.
- Alkoholismus und Lebererkrankungen.
- Vererbte Erkrankungen.

● Medikamente: Bei den Arzneimitteln gibt es eine Vielzahl von Substanzen, die in das Gerinnungssystem eingreifen können. Als Beispiel sei hier die Acetylsalicylsäure (Aspirin®) genannt, die zu einer erhöhten Blutungsneigung führt. Wichtig ist auch die Blutgerinnungshemmung durch Marcumar®. Bei Überdosierung von Marcumar® kommt es zur ungewollt starken Gerinnungshemmung und damit zu den nachfolgend genannten Symptomen.

Krankheitszeichen

❏ Es kann zum Auftreten von **flächenhaften Blutungen und Blutergüssen** (Hämatomen) kommen. Diese sind meist Ausdruck einer plasmatischen Gerinnungsstörung (Koagulopathie).

❏ Alternativ kommt es zu **punktförmigen Blutaustritten** (Petechien), die Ausdruck einer Blutplättchen- oder einer Gefäßsystemerkrankung sind. Die Vielzahl von Petechien nennt man Purpura.

Bedrohlichkeit

Jegliche Form einer Spontanblutung bedarf weiterer Abklärung. Es können sich hierunter harmlose wie auch ernsthafte, z. T. lebensbedrohliche Erkrankungen verbergen.

Therapie

Eine Laienbehandlung ist nicht möglich.

Innere Blutungen

Die sichtbare Blutung aus dem Verdauungstrakt in Form von Bluterbrechen oder blutigem Stuhl ist meistens ein alarmierendes Symptom und kommt auf Reisen denkbar ungelegen. Dies insbesondere, da sich häufig die Notwendigkeit ergibt, weitergehende Untersuchungen durchzuführen, die nicht überall und jederzeit durchführbar sind. Gleichzeitig sind die Behandlungsmöglichkeiten für den medizinischen Laien deutlich eingeschränkt.

Blutungen

Begriff

Eine Blutung aus dem Verdauungstrakt kann versteckt (okkult) oder sichtbar sein. Eine sichtbare Blutung des Verdauungstraktes äußert sich durch die Symptome Bluterbrechen, Teerstuhl (schwarzer oder schwärzlicher Stuhl) oder Absetzen von Blut mit dem Stuhlgang.

Ursachen und Krankheitszeichen

Sinnvoll ist eine Unterscheidung nach dem Ort der Blutung.

❏ Eine **obere Blutung des Verdauungstraktes (obere gastrointestinale Blutung)** hat ihre Quelle in Speiseröhre, Magen oder oberem Dünndarm und zeigt in der Regel die Symptome Bluterbrechen und Teerstuhl. 80–90 % aller gastrointestinalen Blutungen stammen aus dem oberen Verdauungstrakt.

❏ Die verbleibenden 10–20 % der Blutungen stammen aus dem **unteren Verdauungstrakt,** also aus dem Dünndarm (nur 1 % aller gastrointestinalen Blutungen), dem Dickdarm, dem Enddarm oder der Afterregion. Das Leitsymptom ist hier Blut im Stuhlgang. Allerdings hat knapp die Hälfte aller Patienten mit rektalem Blutabgang eine Blutung des oberen Verdauungstraktes. In seltenen Fällen kann aber auch eine Blutung des insbesondere rechten Dickdarms mit Teerstuhl einhergehen.

Dieser verwirrende Tatbestand kann in folgenden Merksätzen zusammengefasst werden:

❏ Die Symptome **Bluterbrechen und Teerstuhl** deuten mit großer Sicherheit auf eine Blutungsquelle in Speiseröhre, Magen oder Zwölffingerdarm hin. Das mit dem Stuhl abgesetzte Blut kann aus dem oberen wie dem unteren Verdauungstrakt stammen.

❏ Im oberen Verdauungstrakt sind für Blutungen in 2/3 der Fälle **Magen- oder Zwölffingerdarmgeschwüre** verantwortlich. In absteigender Häufigkeit folgen Krampfadern der Speiseröhre oder seltener des Magens, Schleimhauteinrisse des Speiseröhrenübergangs und seltenere Ursachen.

❏ Die Wahrscheinlichkeit, dass es sich um eine potenziell lebensbedrohliche **Blutung aus Krampfadern der Speiseröhre (Varizen)** handelt, steigt dann, wenn eine Leberzirrhose bekannt ist oder klinische Zeichen einer schwergradigen Lebererkrankung vorliegen. Solche sind Gelbsucht (➚Gelbsucht), Schwellung der Brust bei Männern, Rotfärbung der Handinnenflächen (Palmarerythem) und Gefäßspinnen im Bereich der Brust und des Rückens (Spider naevi). Auf solche Zeichen ist also zu achten!

❏ Bei **Blutungen des unteren Verdauungstraktes** ist das Ursachenspektrum altersbezogen. Auch die Stärke der Blutung lässt gewisse Rückschlüsse auf die Ursachen zu.
● So ist die geringgradige Blutung des unter Fünfzigjährigen häufiger auf Hämorrhoiden, Analfissuren, Entzündungen oder Polypen zurückzuführen.
● Die stärkere Blutung des älteren Menschen lässt an Darmwandausstülpungen (Divertikel), einen Dickdarmtumor, eine mangeldurchblutungsbedingte Entzündung, aber auch an Hämorrhoiden oder Polypen denken.

Für die weitere **Eingrenzung der möglichen Blutungsursache** sind folgende Fragen hilfreich:

❏ Gibt es eine Vorgeschichte von **Magen- oder Zwölffingerdarmgeschwüren?**

❏ Wurden sog. **Antirheumatika** eingenommen? In 30–50 % aller Blutungsfälle des oberen Verdauungstraktes besteht eine solche Medikamenteneinnahme. Die meisten hierdurch verursachten Geschwüre verursachen keine Bauchschmerzen.

❏ Besteht eine **Lebererkrankung?**

Bedrohlichkeit

Wichtig ist einzuschätzen, **wie viel Blut verloren geht.** Natürlich ist das Absetzen einiger Tröpfchen Blut mit dem Stuhl ganz anders zu werten, als das massive Erbrechen von hellrotem Blut.

Blutungen

❏ Eine Möglichkeit für Laien ist die **Bestimmung des so genannten Schockindex** = Pulsfrequenz/systolischer Blutdruck. Im Normalfall bei einem Blutdruck von systolisch 120 mmHg und einer Herzfrequenz von 60 Schlägen pro Minute beträgt der Schockindex 0,5. Ist der Schockindex > 1, sind etwa 20–30 % des Blutes verlorengegangen, liegt er > 1,5, beträgt der Blutverlust 40–50 % des Gesamtvolumens. Solch eine Situation ist lebensbedrohlich.

❏ Sollte keine Möglichkeit zur Blutdruckmessung bestehen, sind eine **Trübung des Bewusstseins** oder ein Nachlassen der Harnausscheidung Warnhinweise einer bedrohlichen Blutung.

Ein weiterer prognostischer Faktor ist das **Alter.** Eine Blutung des Verdauungstraktes beim über Siebzigjährigen verläuft deutlich gefährlicher als beim jüngeren Menschen.

Entscheidungsweg

Bis auf die minimale Blutung des Verdauungstraktes ist natürlich immer ein Arztbesuch angezeigt. Dennoch kann es auf Reisen passieren, dass dies nicht möglich ist oder das vorhandene Equipment nicht ausreicht, um eine Blutungssituation adäquat zu behandeln. Das nachfolgende Flussdiagramm soll aufzeigen, in welchen Blutungsfällen ein abwartendes Verhalten vertretbar erscheint.

Therapie

Entscheidender Punkt bei der Behandlung einer gastrointestinalen Blutung ist die Lokalisation der Blutungsquelle. Daraus folgt, dass es für den Laien nahezu unmöglich ist, eine sinnvolle Behandlung durchzuführen.

+ Wie im Diagramm gezeigt, ist bei einer bestimmten Konstellation und Nicht-Verfügbarkeit einer medizinischen Behandlung ein abwartendes Verhalten möglich.

+ Abgewartet werden kann ebenfalls bei **hellroten Blutauflagerungen auf dem Stuhl,** da hier eine Hämorrhoidenblutung am wahrscheinlichsten ist. In allen anderen Fällen muss baldmöglichst ein Arzt oder Krankenhaus aufgesucht werden.

+ Die Behandlung eines **Blutungsschocks** (Schockindex > 1) siehe Kapitel „Schock".

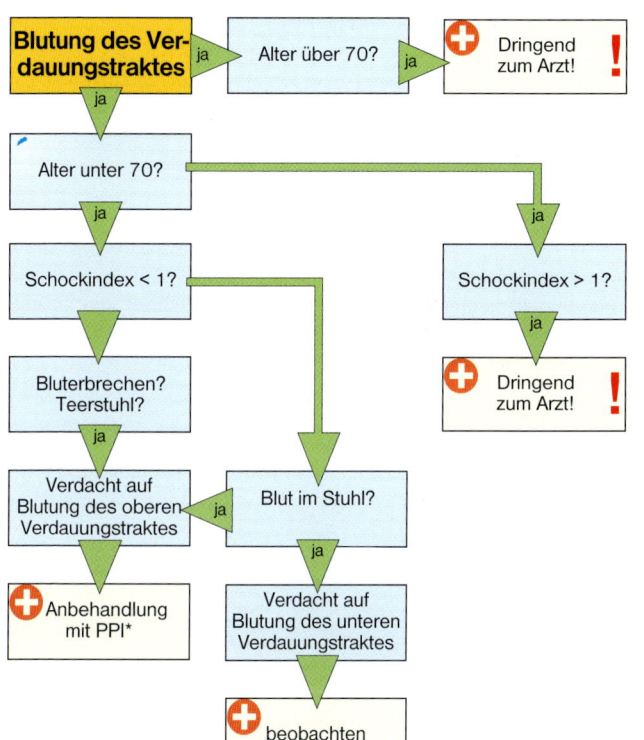

* PPI= Protonenpumpeninhibitor,
  z. B. Omeprazol (Antra®),
  Pantoprazol (Pantozol®)

Blutungen

Nasenbluten

Wahrscheinlich hat jeder schon einmal Nasenbluten gehabt und kann sich vorstellen, das dieses lästige Symptom auf Reisen besonders störend sein kann. Es gibt einige Erstmaßnahmen, mit denen der medizinische Laie sich in den meisten Fällen selbst helfen kann.

Begriff

Unter Nasenbluten (Epistaxis) versteht man das meistens spontan auftretende, unterschiedlich heftige Bluten aus Gefäßen der Nasenschleimhaut. Meistens blutet der so genannte Locus Kiesselbachii, ein Gefäßgeflecht im vorderen Abschnitt der Nasenscheidewand.

Ursachen

Nasenbluten kann unterschiedliche Gründe haben, die allein oder in Kombination Nasenbluten verursachen:

Ursache	Erkrankung
Örtlich	trockene Nasenschleimhautentzündung, Verletzung (Nasebohren!)
Symptomatisch	hoher Blutdruck, Blutgerinnungsstörung, z. B. bei Lebererkrankungen
Infektionen	Malaria, Scharlach
Habituell	ohne erkennbare Ursache wiederholt auftretend

Krankheitszeichen

Die Diagnose Nasenbluten stellt sich von selbst. Bei Reisenden mit bekannter Bluthochdruckerkrankung ist eine Messung des aktuellen Blutdrucks sinnvoll. Ferner ist wichtig zu wissen, ob eine Lebererkrankung oder Leberhautzeichen (↗Gelbsucht) vorliegen.

Bedrohlichkeit

Meistens handelt es sich beim Nasenbluten um eine harmlose Erscheinung, die spontan auftritt und verschwindet. Länger dauerndes

Nasenbluten oder Nasenbluten beim Leberzirrhotiker können jedoch zu kreislaufwirksamen Blutverlusten führen.

Entscheidungsweg

Da für den Laien bis auf eine etwaige Blutdruckbehandlung nur Lokalmaßnahmen in Betracht kommen, erübrigt sich hier eine weitere Differenzierung.

Therapie

❑ In erster Linie kommen Lokalmaßnahmen in Betracht. Das einfachste ist eine lokale Tamponade. Hierzu wird ein Papiertaschentuch in beide Nasenlöcher gestopft und so lange auf den Nasenflügel gedrückt, bis die Blutung aufhört.

✚ Sollte Nasenbluten bei einem systolischen Blutdruck > 200 mmHg auftreten, kann durch Zerbeißen einer Kapsel Nifedipin (Adalat®) der Blutdruck gesenkt werden.

Blässe

Haut- und Schleimhautblässe sind fast nie Krankheitszeichen, die den Urlauber auf der Reise beschäftigen müssen. Dies liegt zum einen daran, dass sich diese Krankheitszeichen meist schleichend entwickeln, auf Reisen daher nicht bemerkt werden. Zum anderen sind begleitende Symptome meistens milderer Natur und zwingen nicht zum Arztbesuch während der Reise.

Ausnahmen hiervon sind akut auftretende Blutungen (↗Innere Blutungen" und ↗Spontanblutung) und die seltene akute hämolytische Krise.

Da die Abklärung einer Haut- und Schleimhautblässe als Ausdruck einer Blutarmut (Anämie) außerordentlich kompliziert ist, eine Fülle von laborchemischen Untersuchungen erforderlich macht und daher eine Laiendiagnostik unmöglich ist, werden in diesem Kapitel nur Fragen von grundlegendem Interesse behandelt.

Blutungen

BLÄSSE

Begriff

Haut- und Schleimhautblässe sind Folge einer **Blutarmut** (Anämie), die mehr oder minder ausgeprägt sein kann. Blutarmut ist definiert als Unterschreiten der Normwerte für rote Blutkörperchen (Erythrozyten) und des roten Blutfarbstoffs (Hämoglobin).

Die Erkennbarkeit von Blässe ist abhängig von dem Schweregrad der Anämie, aber auch von konstitutionellen Faktoren und dem Grad der Körperdurchblutung. So kann beispielsweise beim Kreislaufkollaps (↗Schock) Blässe auftreten, ohne dass eine Blutarmut vorliegt. Am besten sieht man Blässe an der Augenbindehaut.

Ursachen

Aus der schier unermesslichen Fülle von Anämiearten nennt nachfolgende Tabelle die wichtigsten und gibt zugleich Anhaltspunkte für deren mögliche Ursachen:

Anämietyp	Mögliche Ursachen
Eisenmangel	gynäkologische oder Blutung aus dem Verdauungstrakt, Schwangerschaft
Begleitanämie	Infektionen, Nierenkrankheiten, Tumore
Folsäuremangel	Alkohol, Medikamente
Vitamin-B12-Mangel	Magenkrankheiten, Zustand nach Magen-OP
Hämolyse	familiäres Auftreten

Insbesondere eine Vielzahl von Arzneimitteln kann unterschiedliche, oben nicht aufgeführte Anämietypen verursachen, so dass insbesondere bei dauerhafter Medikamenteneinnahme ein Blick auf den Beipackzettel hilfreich sein kann.

Krankheitszeichen

Das hervorstechende Kennzeichen einer Blutarmut ist die Blässe von Haut und Schleimhaut. Da Blutarmut mit einer Sauerstoffminderversorgung der Organe einhergeht, zeigen die Organe mit dem höchsten Sauerstoffbedarf wie Herz, Gehirn und Skelettmuskulatur frühzeitige Symptome eines Sauerstoffmangels. Diese sind:

Organ	Krankheitszeichen
Herz	*Angina pectoris, Herzklopfen*
Gehirn	*Müdigkeit, Kopfschmerzen, Konzentrationsschwäche, Schwindel*
Skelettmuskulatur	*Muskelschwäche, Muskelkrämpfe*

Bedrohlichkeit

Grundsätzlich gilt, dass die Symptomatik umso stärker und bedrohlicher ist, je älter der Patient ist und je schneller und ausgeprägter sich die Blutarmut entwickelt.

Entscheidungsweg

Da die Diagnose einer bestimmten Anämieform entscheidend von Laboruntersuchungen abhängt, gibt es für den Laien, aber auch für den Arzt ohne entsprechende technische Ausstattung, keine Möglichkeit einer klinisch begründeten Verdachtsdiagnose. Ausnahme: sichtbare Blutungen.

Therapie

Die Behandlung ist abhängig von einer exakten Diagnosestellung. Es gibt folglich keine vom Laien einzuleitende Therapie.

+ Sollte Blässe beim älteren Menschen mit Herzklopfen oder Brustschmerzen einhergehen, wäre allenfalls die Gabe von Nitrolingual-Spray® sinnvoll.

Blutungen

Symptome von Herz- und Lungenkrankheiten

Luftnot

Begriff

Unter Luftnot wird in diesem Kapitel die Atemlosigkeit, eine deutliche Schwierigkeit beim Atmen verstanden. „Die Luft reicht nicht mehr". Der Lufthunger nimmt zu und die körperliche Belastbarkeit nimmt rapide ab.

Ursachen

Die Atemnot entsteht durch ein Missverhältnis zwischen dem Angebot an Sauerstoff und dem Bedarf des Körpers an Sauerstoff. Dieses Missverhältnis kann verschiedene Ursachen haben.

- ❏ Generell ist zwischen der Abnahme des Sauerstoffanteils in der Luft (Höhe über dem Meeresspiegel),
- ❏ Erkrankungen der Atemwege und der
- ❏ Aufnahmefähigkeit des Lungengewebes zu unterscheiden.
- ❏ Weitere Problembereiche sind der Transport des Sauerstoffs im Blutkreislauf durch das Herz und die Fähigkeit der roten Blutkörperchen, den Sauerstoff aufzunehmen. So kann eine akute oder chronische Herzschwäche beispielsweise zur wässrigen, später auch eitrigen Durchtränkung kleinster Lungenbläschen führen, dem so genannten Lungenödem. Dies ist ein bedrohliches Krankheitsbild mit Unruhe, schwerer Luftnot, Zyanose und blutig-schaumigem Auswurf.

Krankheitszeichen

- ❏ Die Spanne der Atemnot reicht von dem Gefühl, atmen zu müssen bis zur Erstickung. Die Atemnot ist gekennzeichnet durch heftiges, schnelles Atmen, eine vermehrte Anstrengung bei der Atemarbeit mit sichtbarem Einziehen des Brustkorbs.
- ❏ Kann man das Missverhältnis zwischen Sauerstoffangebot und Nachfrage nicht aufheben, kommt Angst hinzu.
- ❏ Zusätzliche Zeichen sind Auswurf (☛Husten und Auswurf), Geräusche beim Atmen, Schmerzen, Blaufärbung der Zunge, der Lippen und Fingerspitzen. (☛Zyanose)

Herz und Lunge

Bedrohlichkeit

Reicht die Atmung nicht aus, um den Bedarf an Sauerstoff zu decken, zeigen die Klagen des Kranken den Grad der Bedrohung. Eine Verschlimmerung kann zur Bewusstlosigkeit bis hin zum Tod führen.

Entscheidungsweg

Für den Entscheidungsweg wichtige Krankheitsbilder sind entsprechend dem Diagramm auf den Seiten 110 u. 111 folgende Begriffe:

Hyperventilation

❑ Symptome: Hektisches Atmen bei gleichzeitig angstvollem Allgemeineindruck, keine wirkliche Luftnot, keine Blaufärbung der Lippen, Zunge, Fingerkuppen.

✚ In eine Plastiktüte atmen lassen. Eine Ruhigstellung gegebenenfalls mit Valium® kann sinnvoll sein.

Bronchitis

❑ Symptom: Beginnend mit Krankheitsgefühl, Kältegefühl, leichtes Fieber, Schmerzen in Rücken und Muskulatur, Heiserkeit. Der Husten ist zuerst trocken, später kommt es zu weißlichem Auswurf.

✚ Ursache ist in der absoluten Mehrzahl der Fälle eine Infektion mit einem Virus. Deshalb hilft auch kein Antibiotikum. Antifiebermittel (ASS), viel trinken.

Lungenentzündung (Pneumonie)

❑ Nimmt das Fieber zu oder bleibt es über Tage über 38,3 °C und/oder wird der Auswurf gelb oder grünlich, muss von einer bakteriellen Infektion ausgegangen werden. Aus der Bronchitis ist eine Lungenentzündung oder eine bakterielle Bronchitis geworden.

✚ Therapie: Bettruhe bis das Fieber gesunken ist. Hustenstiller verhindern den Abtransport des Eiters und Schleims. Deshalb höchstens zur Nacht. Viel Flüssigkeit (3–4 Liter/Tag). Dampf einatmen, fiebersenkende Mittel (ASS, Paracetamol).

✚ Antibiotikum. Achtung, unsere Empfehlung Ciprobay® kann eine Therapielücke haben! Hierunter versteht man die Nichtwirksamkeit eines Antibiotikums bei bestimmten Erregern.

✚ Eine Verschlechterung trotz drei Tage Antibiotikumgabe ist verdächtig auf resistente Pseudomonas oder Staphylokokken oder Pneumokokken-Stämme (besondere Bakterien). Es sollte ein weiteres Antibiotikum gegeben werden und die Antibiotika sollten als Kurzinfusion wegen der sicheren Aufnahme appliziert werden. Dies und die notwendige weitere Abklärung zwingen dazu, einen Arzt aufzusuchen.

Asthma (Verengung der Atemwege)

❏ Symptome: Sich steigernde Atemnot mit Luftnot, schneller Atmung, Husten, Engegefühl in der Brust, Angst, hörbarem Ausatmen der Luft (Giemen), Patient sitzt vorgebeugt, aufrecht.

✚ In der Regel dürfte dem Patienten sein Asthma bekannt sein und er seine Medikation dabei haben. 1–2 Hübe des die Atemwege weit stellenden Medikaments (Bronchospasmolyticum).

✚ Beruhigung des Patienten, aber kein Beruhigungsmittel.

✚ Nach dem Anfall viel trinken lassen.

⚠ Kommt es nach der Gabe des Bronchospasmolyticums und auch der wiederholten Gabe zu keiner Besserung, so muss ein Krankenhaus aufgesucht werden! Eine sich steigernde Luftnot kann akut lebensbedrohlich werden!

Embolie

Embolie ist eine akute Verlegung einer Arterie in der Lunge durch ein Blutgerinnsel. Dadurch steht ein Teil der Lunge nicht für die Sauerstoffübertragung zur Verfügung. Die Konsequenz ist ein Untergang dieses Lungenteils (Infarkt).

❏ Ursache: Nach längerem Liegen oder langem Sitzen bei Flugreisen (so genanntes Economy-Class-Syndrom), Busreisen, Autofahrten o. Ä. Die Symptome können noch nach Tagen auftreten.

❏ Symptom: Atemnot, Schnellatmen, Angst und Ruhelosigkeit.

❏ Die Diagnose ist schwer zu stellen. Die Embolie ist hochwahrscheinlich bei gleichzeitiger Thrombose in einem Bein (Zeichen: Schwellung des Beins, Überwärmung, Druckschmerz in der Wade, Spannungsgefühl, evtl. Rötung).

✚ Hochlagerung des Oberkörpers, Schmerzmittel.

✚ Bei starker Angst Valium®.

✚ Sauerstoffgabe, Arzt aufsuchen. Heparingabe.

Herz und Lunge

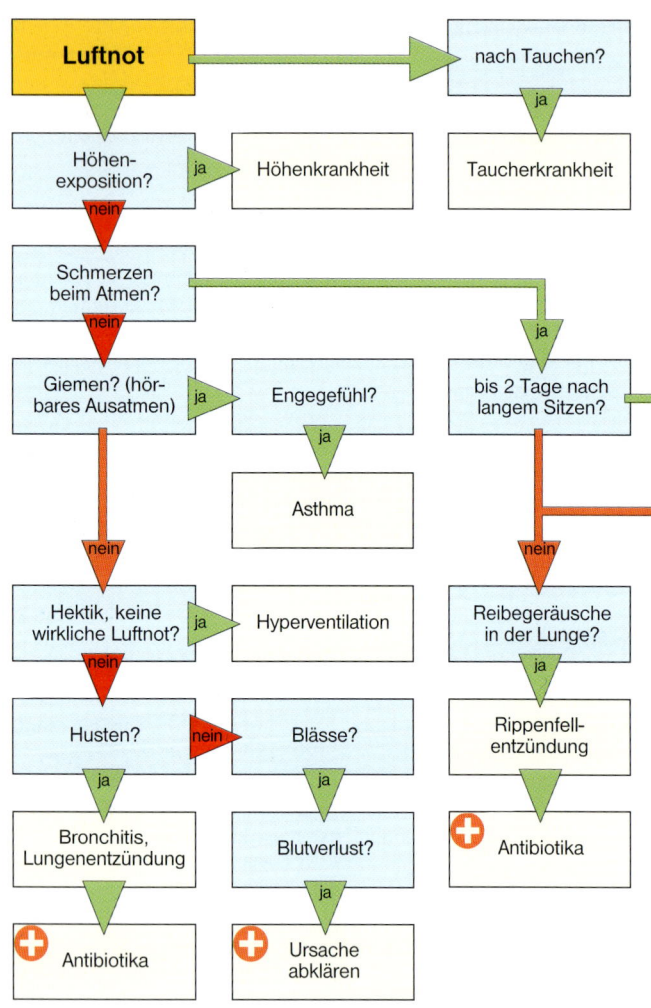

Rippenfellentzündung (Pleuritis)

Es handelt sich um eine Verklebung der Rippenfellblätter. Dies kann als Komplikation nach Lungenentzündung, Lungeninfarkt und Bauchspeicheldrüsenerkrankungen auftreten.

❏ Symptome: Atemabhängige Schmerzen im Bereich der Rippen. Reibegeräusch beim Abhören der Lunge.
+ Schmerzmittel. Eventuell Umwickeln des gesamten Brustkorbs mit einer elastischen Binde.
+ Antibiotikagabe (z. B. Ciprobay®).

Pneumothorax

Freie Luft im Spalt zwischen den Rippenfellblättern, die zum Zusammenfallen der Lunge führt. Tritt am häufigsten nach einem Unfall, selten nach Asthmaanfall und Hustenanfall auf, kann aber auch spontan auftreten.

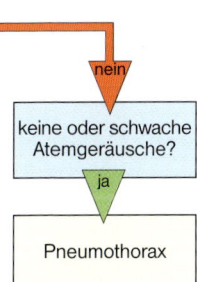

❏ Symptome: Schmerzen, zunehmende Luftnot, Schock.
❏ Man hört kein Atemgeräusch auf der betroffenen Seite.
+ Zum Arzt, Diagnosesicherung durch Röntgenbild, evtl. Punktion.

Blutverlust / Anämie

Mangel an roten Blutkörperchen, die den Sauerstoff transportieren
❏ Symptom: Schnelle Atmung, Schwächegefühl, Blässe, kein Blut auch in den Bindehäuten der Augen. ↗Blässe, ↗Höhenkrankheit.

Herz und Lunge

Husten und Auswurf

Begriff

Husten ist das willkürliche oder unwillkürliche, forcierte Entleeren von Luft der tieferen Atemwege durch die Stimmritze. Dies kann unproduktiv (= Reizhusten) oder produktiv sein, d. h. mit der Entleerung von Auswurf einhergehen. Husten ist ein komplexer Reflex, der zur Selbstreinigung der Atemwege dient.

Ursachen

❏ Auf der Reise interessiert im wesentlichen der akut auftretende Husten, der meistens Folge eines Virusinfektes ist.
❏ Bei Kindern ist akuter Husten häufig auch Ausdruck eines Asthmaanfalls oder psychogen erklärbar.
❏ Chronischer Husten tritt bei Rauchern auf, kann aber auch Folge einer anders erklärten chronischen Bronchitis, eines Bronchialasthmas oder einer Refluxkrankheit sein.

Krankheitszeichen

Manchmal gestattet die Art oder der **Zeitpunkt** des Auftretens von Husten einen Rückschluss auf die Ursache:
❏ Räuspern: Kehlkopf, nervös.
❏ Nächtliches Husten: herzbedingt.
❏ Morgendliches Husten: chronische Bronchitis.

Auch **Aussehen, Farbe und Geruch des Auswurfs** lassen eine grobe Zuordnung zu:
❏ Bräunlicher Auswurf: Durch Herzschwäche erklärte chronische Lungenstauung.
❏ Rötlich-schaumiger Auswurf: Lungenödem (↗Luftnot).
❏ Gelb-grünlicher Auswurf: Eitrig. Bei Lungenentzündung und chronischer Bronchitis.
❏ Blutiger Auswurf: Bei Bronchialkrebs, Lungenödem, Tuberkulose oder Bronchitis.

Bedrohlichkeit

Jeder neu aufgetretene Husten, der länger als drei Wochen dauert, oder Husten mit schwerem Krankheitsgefühl und weiteren Symptomen wie Brustschmerz, Luftnot oder blutigem Auswurf muss weiter abgeklärt werden.

Entscheidungsweg

Die diagnostischen Überlegungen engen sich für den Reisenden deutlich ein und sollten folgende Faktoren berücksichtigen:

❏ Der akut auftretende, nicht-produktive Husten (Reizhusten) ist als akute Bronchitis aufzufassen und kann symptomatisch mit hustenstillenden Medikamenten wie Codicaps® behandelt werden.

❏ Der chronische Reizhusten bedarf der ärztlichen Abklärung. Dies sollte vor oder nach der Reise geschehen.

❏ Beim produktiven Husten hilft die Beschaffenheit des Auswurfs weiter. Der grün-gelbliche, eitrige Auswurf ist Ausdruck einer Infektion entweder als akut-eitrige Entzündung der tieferen Luftwege oder als entzündliche Überlagerung einer chronischen Bronchitis. Sehr viel eitriges, eventuell stinkendes Sekret, blutiger Auswurf oder rötlich-schaumiges Sekret bedürfen einer baldigen ärztlichen Abklärung.

Therapie

Da produktiver Husten einen Selbstreinigungsvorgang der Atemwege darstellt, sollte ein solcher Husten nicht medikamentös unterdrückt werden. Dennoch kann insbesondere nächtlicher Husten so quälend werden, dass ein Kompromiss darin bestehen kann, tagsüber den Husten zuzulassen und ihn nachts medikamentös zu unterdrücken.

Akute, nicht-produktive Bronchitis

✚ Rauchen einstellen, frische Luft

✚ Nasenatmung freihalten, gegebenenfalls Otriven®-Nasentropfen, Codeinphosphat 3–5 x 30 mg/Tag.

✚ Bei schwerem Husten: Dicodid® 2–3 x ½–1 Tbl./Tag.

✚ Bei Fieber: Novaminsulfon (Novalgin®) 3 x 500 mg/Tag.

Herz und Lunge

Akute, produktive Bronchitis oder Infekt einer chron. Bronchitis

✚ Rauchen einstellen, frische Luft.

✚ Reichlich Flüssigkeit aufnehmen.

✚ Nach unserer Empfehlung Ciprobay® möglich. Wegen Therapielücke (↗Reise-Apotheke im Anhang) sind folgende Antibiotika besser geeignet: Cefuroxim (Zinnat®) 2 x 250 mg/Tag, Amoxicillin (Amoxypen®) 3 x 1 g/Tag.

⚠ Bei blutigem oder rötlich-schaumigen Auswurf ist dringend ein Arzt aufzusuchen. Der rötlich-schaumige Auswurf in Verbindung mit Luftnot lenkt den Verdacht auf ein Lungenödem (↗Luftnot).
In diesem Fall kann die Therapie mit Nitrolingual®-Spray und 40 mg Furosemid (Lasix®) begonnen werden.

Wasseransammlungen (Ödeme)

Die sichtbare Ansammlung von Wasser in Körpergeweben, z. B. geschwollene, dicke Beine, entwickelt sich meistens schleichend und muss vom Reisenden, insbesondere wenn keine weiteren Symptome auftreten und die eingelagerte Flüssigkeitsmenge gering ist, nicht sofort abgeklärt und behandelt werden.

Begriff

Unter Ödem versteht man eine krankhafte Ansammlung von Wasser oder anderen Körperflüssigkeiten (kein Blut) außerhalb der Gefäße und Körperzellen. Nicht jedes Ödem ist krankhaft. Wahrscheinlich haben die meisten schon bei sich Beinschwellungen nach längerem Sitzen beobachtet. Auch die Frau unmittelbar vor Auftreten der Monatsblutung neigt zu Ödemen.

Ursachen

Man unterscheidet ein den gesamten Körper betreffendes, generalisiertes Ödem vom lokalisierten Ödem, welches nur an einer bestimmten Stelle auftritt (z. B. nur am rechten Bein). Die Ursachen hierfür können sein:

WASSERANSAMMLUNGEN

Generalisiertes Ödem	Lokalisiertes Ödem
❑ Herzschwäche	❑ venös bedingt (Venenödem)
❑ Eiweißmangel	❑ lymphatisch bedingt
❑ Nierenkrankheiten	(Lymphödem)
❑ Medikamente	❑ entzündlich bedingt
❑ Schilddrüsenüberfunktion	❑ allergisch bedingt

Krankheitszeichen

Charakteristisch am Ödem ist die sicht- oder tastbare Schwellung.

Generalisiertes Ödem
❑ **Eindrückbarkeit:**
- „Weiches" Ödem: Nach dem Eindrücken der Schwellung bleiben Dellen zurück.
- „Hartes" Ödem: Es verbleiben keine oder kaum Dellen.
❑ **Ort:** Das körperlageabhängige Ödem folgt der Schwerkraft, d. h. beim Sitzenden betrifft es die Beine. Nach längerem Liegen ist es im Rücken und der Flanke zu sehen und zu tasten.

Lokalisiertes Ödem
Beim lokalen Ödem ist nach klinischen Zeichen einer Entzündung – Schmerz, Rötung und Überwärmung – zu suchen. Ferner sollte bei der Schwellung eines Beines darauf gesehen werden, ob die Zehen vom Ödem einbezogen sind.
❑ Dickes, weißes Bein: Lymphödem. Achtung! Dickes, geschwollenes Bein mit heftigen Schmerzen ist verdächtig auf einen Beinarterienverschluss.
❑ Dickes, blaues Bein: Venenödem.

Bedrohlichkeit

❑ Das **generalisierte Ödem** ist zwar in den meisten Fällen Ausdruck einer Erkrankung, muss aber – insbesondere bei geringer Ausprägung – auf der Reise nicht zwingend abgeklärt werden.
❑ Beim **lokalisierten Ödem** ist besonders auf das venöse zu achten. Das dicke blaue Bein kann Folge einer tiefen Beinvenenthrombose sein und bedarf dringend der Behandlung.

Herz und Lunge

❏ Ein abzugrenzendes Krankheitsbild ist das **„Economy-Class-Syndrom"** oder Touristenklasse-Syndrom. Hierunter versteht man die bei längerem Sitzen in beengten Verhältnissen auftretende Thrombose der tiefen Beinvenen, die mit der Komplikation einer Lungenembolie belastet sein kann (↗Embolie).

Entscheidungsweg

Generalisiertes Ödem

Eindrückbarkeit	Bevorzugte Stelle	Zusatzsymptome	Verdachts-diagnose
Dellen	*lageabhängig*	*nächtliches Wasserlassen*	*Herzschwäche*
Dellen	*nicht lageabhängig, Gesicht beteiligt*		*Nieren-erkrankung, Eiweißmangel*

❏ Die Annahme, ein Ödem sei durch Medikamente hervorgerufen, wird wahrscheinlicher, wenn die anderen oben genannten Ursachen ausscheiden. Ein solcher Ausschluss ist auf der Reise kaum zu leisten. Medikamente, die ein Ödem hervorrufen können, sind bestimmte Hormone, einige Hochdruckmittel und Phenylbutazon (Butazolidin®). Auch der übermäßige Verzehr von Lakritze, kann Ödeme erzeugen.

Lokalisiertes Ödem

❏ Das lokalisierte Ödem als Folge einer Infektion, einer Verletzung oder eines chemischen Einflusses ist durch Entzündungszeichen gekennzeichnet und in Zusammenhang mit der Vorgeschichte meist eindeutig zuzuordnen.

❏ Das allergische Ödem kann Ausdruck einer echten Allergie sein, aber auch durch Kälte oder Sonnenbestrahlung hervorgerufen werden. Solche Ödeme zeichnen sich durch ihr akutes Auftreten, ihre flüchtige Dauer und lokalen Juckreiz aus (↗Allerg. Hautreaktionen).

❏ Wenn das lokale Ödem eine Gliedmaße betrifft, sind im Wesentlichen Venenödem und Lymphödem voneinander abzugrenzen (siehe Seite 115).

Therapie

Die Behandlung von Ödemen ist während der Reise nur mit Einschränkungen möglich, aber auch nicht in jedem Fall notwendig.

✚ Nur das durch eine Herzschwäche verursachte Ödem kann zunächst durch ein sog. kaliumsparendes Diuretikum wie Dytide H® 1 x 1 /Tag behandelt werden. Bei nicht ausreichender Wirkung ist Furosemid (Lasix®) 20–40mg/Tag einzusetzen. In jedem Fall aber ist es besser, ein geringfügiges Ödem unbehandelt zu lassen, als eine „blinde" Laientherapie durchzuführen.

✚ Bei den lokalisierten Ödemen ist es wichtig, das **venöse Ödem** nicht zu übersehen. Hier ist insbesondere auf die Ausdehnung zu achten. Ist das ganze Bein deutlich angeschwollen, d. h. reicht die Schwellung bis weit in den Oberschenkelbereich, ist eine tiefe Beinvenenthrombose zu vermuten und der Betroffene mit hochgelagertem Bein ruhigzustellen und ein Arzt aufzusuchen. Die vermutete venös bedingte Schwellung nur des Unterschenkels bedarf keiner Immobilisierung, der Betroffene kann und soll sogar umhergehen.

Blaufärbung von Haut und Schleimhäuten

(Zyanose)

Vereinfachend gesagt, ist die Zyanose ein ernsteres Begleitsymptom einer Lungen-/Herzerkrankung oder Begleitphänomen eines lokalen Geschehens. Dies bedeutet, dass sie in der Regel nie als einziges Krankheitszeichen auftritt, sondern eher als Hinweis einer schwereren Erkrankung aufgefasst werden muss. Insofern ist selten aus dem Symptom Zyanose allein eine spezifische Erkrankung, fast nie eine ursächliche Therapie ableitbar.

Begriff

Unter Zyanose versteht man die bläuliche Verfärbung von Haut und Schleimhäuten, insbesondere der Lippen. Eine Zyanose tritt bei einem blutarmen Menschen weniger oder gar nicht in Erscheinung.

Herz und Lunge

Ursachen

Es wird unterteilt in die auch für den Laien sichtbar nachvollziehbare zentrale und periphere Zyanose.

Zentrale Zyanose

Bei der zentralen Zyanose kommt es durch eine meist chronische Lungenerkrankung (Lungenemphysem, chronisch-obstruktive Atemwegserkrankung, Lungenembolie, Pneumothorax, Asthma bronchiale, schwere Lungenentzündung, Höhenkrankheit) oder durch einen angeborenen Herzfehler zu einer Zunahme des reduzierten, das heißt in seiner Sauerstoffbindungsfähigkeit eingeschränkten, Blutfarbstoffs Hämoglobin.

Periphere Zyanose

Die periphere Zyanose ist Folge einer verstärkten peripheren Sauerstoffausschöpfung durch verlangsamten Blutfluss. Dieser kann Folge einer verminderten Herzleistung oder einer lokalen Stauung durch eine oberflächliche und tiefe Venenentzündung, Raynaud-Syndrom* oder Akrozyanose** sein.

Vorwiegend bei Frauen unter 40 Jahre anfallsweise auftretendes, schmerzhaftes Erscheinungsbild mit Gefäßkrampf, Zyanose und Überwärmung der Finger, seltener der Füße, Ohren und Nase.
**Ebenfalls vorwiegend bei Frauen auftretende Regulationsstörung der Hautgefäße an Händen, Füßen und Gesicht mit Zyanose, gesteigerter Kälteempfindlichkeit und gelegentlich taubem Gefühl der betroffenen Region.*

Krankheitszeichen

Der Laie kann zwischen zentraler und peripherer Zyanose folgendermaßen unterscheiden:
- **Zentrale Zyanose:** Zunge und Lippen sind bläulich verfärbt.
- **Periphere Zyanose:** Nur die Lippen sind bläulich verfärbt.

Da das Symptom Zyanose meist nur Begleiterscheinung von Herz- und Lungenerkrankungen ist, muss gezielt nach weiteren spezifischeren Krankheitszeichen gesucht werden. So ist besonders zu achten auf:

- ❏ **Brustschmerz:** Lungenembolie, Pneumothorax (↗Brustschmerz).
- ❏ **Luftnot:** chronisch-obstruktive Atemwegserkrankungen, Asthma bronchiale, Herzschwäche (↗Luftnot).
- ❏ **Ödeme:** Herzschwäche, einseitiges Ödem bei z. B. venöser Stauung (↗Ödeme).

Bedrohlichkeit

Bei zu Grunde liegenden Herz- oder Lungenerkrankungen ist eine auftretende Zyanose als Ausdruck einer schwereren Erkrankung zu werten. In jedem Fall sollte bald eine ärztliche Untersuchung und Abklärung erfolgen.

Lediglich die lokal auftretende Blaufärbung ist sozusagen Bestandteil der lokalen Erkrankung und im Falle eines Raynaud-Syndroms oder der Akrozyanose als harmlos zu werten.

Entscheidungsweg

Aus den bisherigen Erläuterungen geht hervor, dass die Zyanose nicht in einen sinnvollen Entscheidungsweg einzubinden ist, der zu einer begründeten Krankheitsvermutung führt.

Therapie

An dieser Stelle kann sinnvoll die Therapie des Raynaud-Syndroms und der Akrozyanose besprochen werden.

- ✚ **Raynaud-Syndrom:** Schutz vor Kälte, Rauchverbot, Naftidrofuryl (Dusodril®) 100 mg 3 x 1/Tag, Nifedipin.
- ✚ **Akrozyanose:** Schutz vor Kälte, Finalgon®-Salbe, Naftidrofuryl 100 mg 3 x 1/Tag.

Oftmals wird bei schweren Herz- und Lungenerkrankungen die Gabe von Sauerstoff als hilfreich empfunden. Abgesehen davon, dass die wenigsten Reisenden über Zugang zu reinem Sauerstoff verfügen dürften, ist dessen ungezielte Verabreichung auch nicht unproblematisch. So kann beispielsweise die Sauerstoffgabe bei schwergradig obstruktiven Atemwegserkrankten zwar die Zyanose bessern, jedoch gleichzeitig auch den Atemantrieb lähmen und zu einer lebensbedrohlichen CO_2-Narkose führen.

Herz und Lunge

Symptome des Verdauungstraktes

Übelkeit und Erbrechen

Übelkeit und Erbrechen sind häufig uncharakteristische Begleiterscheinungen unterschiedlicher Erkrankungen. Daher ist es nicht immer einfach, die Ursache zu finden. Oft erübrigt sich eine Ursachensuche, da die Symptome flüchtig sind oder symptomatisch behandelt werden können. Auf Reisen interessieren v. a. die akuten Symptome.

Begriff

Übelkeit und Erbrechen hängen oft miteinander zusammen. Während Erbrechen das schnelle und teilweise gewaltsame Herausbefördern von Mageninhalt meint, bedeutet Übelkeit ein Krankheitsgefühl, das eine Nahrungsaufnahme verbietet, weil man fürchtet, sich erbrechen zu müssen. Beides kann auch isoliert auftreten.

Ursachen

Oft liegt die Ursache in einer Störung des oberen Verdauungstraktes. Es gibt aber Erkrankungen anderer Organsysteme, die mit Übelkeit und Erbrechen einhergehen. Auch an Vergiftungen ist zu denken.

Die Tabelle soll eine Zuordnung und gegebenenfalls die Konsultation des richtigen Spezialisten erleichtern:

Begleitsymptome	Krankheit	Med. Fachgebiet
Schwerhörigkeit, Schwindel, Ohrensausen	Morbus Meniere, Reisekrankheit	HNO, Allgemeinmedizin
Sehstörungen, Augenschmerzen	Glaukom = grüner Star	Augenheilkunde
Kopfschmerzen, Schwindel, Nackensteifigkeit	Hirndruckerhöhung, Entzündung	Neurologie
Bauchschmerz, Fieber, Durchfall	Brechdurchfall	Innere, Gastroenterologie
Brustschmerz, Angina pectoris	Herzinfarkt, Lungenembolie	Kardiologie Innere
Ausbleiben der Monatsblutung	Frühschwangerschaft	Gynäkologie
Tropenaufenthalt	Malaria, Fleckfieber	Innere
Blutzuckererhöhung	Diabetisches (Prä-)Koma	Innere

Verdauungstrakt

Natürlich ist nicht immer das gesamte Spektrum zu bedenken. Häufig werden Übelkeit und Erbrechen hervorgerufen durch Infektionen des Verdauungstraktes (z. B. Gastroenteritis), Reisekrankheit, Nahrungsmittelunverträglichkeiten, Alkohol, Drogen und Medikamente.

❑ **Arzneimittel,** die häufiger zu diesen Symptomen führen, sind: Digitalisglykoside, Eisensulfat, ASS-haltige Präparate, kaliumhaltige Präparate.

Krankheitszeichen

Manchmal gestattet das zeitliche Auftreten von Übelkeit und Erbrechen eine weitere Eingrenzung:

❑ Morgendliches Erbrechen: Schwangerschaft, Alkohol.
❑ Erbrechen unmittelbar nach Nahrungsaufnahme: Magenschleimhautentzündung, Magengeschwür.
❑ Erbrechen 5–8 Stunden nach Nahrungsaufnahme: Einengung des Magenausgangs.
❑ Schwallartiges Erbrechen ohne Übelkeit kann Ausdruck einer Hirndruckerhöhung sein.

Bedrohlichkeit

Selten bedeuten Übelkeit und Erbrechen eine ernsthafte, bedrohliche Erkrankung. Hinweise auf eine bedrohliche Erkrankung sind:

❑ blutiges Erbrechen (Blutung im oberen Verdauungstrakt),
❑ schwallartiges Erbrechen ohne Übelkeit verbunden mit Kopfschmerzen (Hirndruckerhöhung),
❑ Erbrechen in Zusammenhang mit starken Bauchschmerzen (⬈akuter Bauch) oder starken ⬈Brustschmerzen.

Bedrohliche Folgen stärkeren Erbrechens können sein: Salzverlust, das Einatmen von Mageninhalt (Aspiration) und der Schleimhauteinriss der Speiseröhre.

Entscheidungsweg

Mit Hilfe der obigen Aufstellung sollte es möglich sein, Erkrankungen auf augenärztlichem, HNO-ärztlichem, neurologischem und gynäkologischem Fachgebiet abzugrenzen und entsprechende Spezialisten aufzusuchen. Ferner ist ärztliche Hilfe bei den aufgeführten bedrohlichen Erkrankungen angezeigt. In den allermeisten Fällen wird sich aber eine symptomatische Therapie als möglich erweisen.

Therapie

Aus dem bisher Gesagten folgt, dass bei Übelkeit und Erbrechen in den meisten Fällen von einer vorübergehenden, möglicherweise durch das Reisen selbst ausgelösten Symptomatik (Seekrankheit, Busfahrten) ausgegangen werden kann und eine symptomorientierte Therapie durch den Laien zulässig ist.

+ Allgemeine Maßnahmen: Reichliche Frischluftzufuhr, kein Alkohol und Nikotin, keine Nahrungsaufnahme.

+ Medikamentöse Maßnahmen:
- Metoclopramid (Paspertin®) 3–4 x 15–30 Tropfen.
- Dimenhydrinat (Vomex A®) 3–4 x 50–100 mg/Tag.
- Triflupromazin-HCL (Psyquil®) 3 x 10 mg/Tag.
- Bei starker Übelkeit können Vomex A® und Psyquil® auch als Zäpfchen verabreicht werden.

+ Bei empfindlichen Reisenden kann es sinnvoll sein, vor Antritt einer Bus- oder Seereise Dimenhydrinat als Prophylaktikum einzusetzen. Gerne werden beispielsweise Superpep® Reise-Kaugummi-Dragees genommen.

+ Auch das regelmäßige Kauen von Ingwerwurzeln soll hilfreich sein.

Reisekrankheit

Wegen der besonderen Wichtigkeit soll die sogenannte Reisekrankheit ausführlicher erläutert werden. Hierunter versteht man eine durch Bewegung ausgelöste Reizung des Gleichgewichtsorgans im Innenohr, die zu Übelkeit und Erbrechen, sowie zu Kopfschmerzen, Schweißausbrüchen und Schwindel führt. Jeder, der schon einmal seekrank war, weiß, wie schwergradig diese Symptome sein können.

Verdauungstrakt

Vorbeugung

Bei Reise- und Seekrankheit ist die Vorbeugung das Entscheidende. Sind erst Symptome aufgetreten, ist die Behandlung schwieriger.

☐ Im Auto und Bus vorne sitzen, in Fahrtrichtung schauen.
☐ Im Flugzeug und Schiff in der Mitte sitzen. Festen Punkt am Horizont fixieren.
☐ Nicht lesen, kein Alkohol, wenig und Leichtes essen.

Therapie

✚ In erster Linie kommen hier Vomex A® und Psyquil® als Zäpfchen in Frage.

Durchfall

Durchfall ist die häufigste Reisekrankheit. Kaum jemand, der in südlichere Gegenden verreist oder Regionen mit schlechterem Hygienestandard besucht, bleibt hiervon verschont.

Begriff

Durchfall ist die zu häufige und zu schnelle Entleerung eines zu flüssigen Stuhls. Wir unterscheiden zwischen akutem und chronischem Durchfall. Die **akute Durchfallerkrankung** beginnt meist plötzlich und endet nach wenigen Tagen. Als **chronisch** bezeichnet man einen Durchfall dann, wenn er länger als drei Wochen bestehen bleibt.

Ursachen

Wir betrachten hier lediglich die Ursachen des akuten Durchfalls.
☐ Häufigster Grund ist eine **Infektion des Verdauungstraktes** durch einen Erreger, der selbst oder durch toxische Stoffwechselprodukte die Darmschleimhaut angreift und dadurch Durchfall auslöst.
☐ Wesentlich seltener wird akuter Durchfall durch **Vergiftungen** (Quecksilber, Pilze), **Medikamente** (Furosemid = Lasix®, Theophyllin = Euphyllin®, Colchyzin) ausgelöst.
☐ Sehr selten ist eine **allergische Ursache.**

Wie unten näher erläutert, ist für die Behandlung eines Durchfalls auf Reisen die Ursache weniger wichtig. Dennoch kann es hilfreich sein, eine Amöbenruhr von einer Cholera zu unterscheiden. Die Stuhlbeschaffenheit lässt gewisse Rückschlüsse auf die Ursache zu; dies ist eine vom Laien leistbare Diagnose.

Allerdings muss man sich darüber im Klaren sein, dass hierdurch keine eindeutige Ursachenklärung möglich ist. Die nachfolgende Tabelle soll eine Zuordnung erleichtern:

Stuhlbeschaffenheit	Weitere Symptome	Ursache
Wässrige Durchfälle	Klassischer Reisedurchfall, Krämpfe, Erbrechen	Escherichia coli
Wässrig-schleimig/ blutige Durchfälle	Brechdurchfall, Fieber, Reisegruppe betroffen	Salmonellen
Schleimig-blutige Durchfälle	Krämpfe, Fieber	Shigellen
„Reiswasserstuhl", farblos	Starke Austrocknung	Vibrio cholerae
Himbeergelee-Stuhl, Eiter	Bauchschmerzen	Amöben
Wässrige Durchfälle	Lebensmittelvergiftung, Erbrechen, Schmerzen, Fieber	Staphylokokken, Streptokokken
Wässrig-blutige Durchfälle	Vorangegangene Einnahme von Antibiotika	Antibiotika

Krankheitszeichen

Neben dem Hauptsymptom können folgende Begleiterscheinungen auftreten: Bauchschmerzen, Bauchkrämpfe, Übelkeit, Erbrechen, Fieber, Kopfschmerzen.

Bedrohlichkeit

⚠ Bedrohlich sind insbesondere die durch den Durchfall hervorgerufenen **Flüssigkeitsverluste** (Cholera!), die in kurzer Zeit zu Körperentwässerung, Kreislaufzusammenbruch bis hin zum Tod führen können. Kinder und ältere Menschen sind bei Durchfallerkrankungen besonders gefährdet.

Verdauungstrakt

Entscheidungsweg

Eine ursächliche Klärung ist auf Reisen nicht möglich und nicht notwendig. Der therapeutische Entscheidungsweg gründet sich auf die Unterscheidung zwischen leichter und schwerer Durchfallerkrankung.

❏ Die **schwere Durchfallerkrankung** ist gekennzeichnet durch ein ausgeprägtes Krankheitsgefühl, Fieber über 39 °C, mehr als 10 Stuhlentleerungen pro Tag und einen längeren Verlauf.

❏ Diese Hinweise fehlen bei leichteren Verlaufsformen.

Therapie

Leichte Durchfälle

✚ Nichts essen, reichlich trinken.

✚ Medikamentöse „Durchfallbremser": 2 mg Loperamid (Imodium®) alle vier Stunden, bis geformter Stuhl auftritt. Bei Übelkeit und Erbrechen sollte Imodium lingual® der Vorzug gegeben werden.

Leichte Durchfallerkrankungen sollten nicht mit Antibiotika behandelt werden, da hierdurch die Eliminierung des Erregers verzögert wird.

Schwere Durchfälle

✚ Bei schweren Durchfällen sind darüber hinaus körperliche Schonung und eine antibiotische Therapie mit Ciprofloxacin (Ciprobay®) 2 x 0,5 g/Tag angezeigt.

Flüssigkeitstherapie

Bei jeder Durchfallerkrankung ist Flüssigkeitsersatz durch eine Flüssigkeitstherapie notwendig. Am besten geeignet sind so genannte **Elektrolyt-Glukose-Lösungen.** Die von der WHO empfohlene Lösung besteht aus 3,5 g Natriumchlorid, 2,5 g Natriumbikarbonat, 1,5 g Kaliumchlorid und 20 g Glukose auf 1 l abgekochtes Wasser.

Selbst herstellen kann man sich eine solche Lösung beispielsweise, indem man stark gesalzenen Apfelsaft 1 : 1 mit Wasser verdünnt oder, falls eine Apotheke zugänglich ist, 1 TL Kochsalz mit 5 ml Natriumbikarbonat und 20 ml Zucker in 1 l Wasser in Lösung bringt.

Noch einfacher ist es, 1 TL Kochsalz, ½ TL Backpulver und 8 TL Zucker in einem Liter Flüssigkeit zu verrühren. Natürlich gibt es solche Gemische auch gebrauchsfertig zu kaufen (Elotrans®).

Verstopfung (Obstipation)

Auf Reisen auftretende, plötzliche Verstopfung ist kein seltenes Symptom und kann die Urlaubsfreude erheblich einschränken. Immobilität durch längere Bus- oder Flugreise, Änderung der Ernährungsgewohnheiten, Zeitverschiebung und auch der hygienische Zustand fremder Toiletten begünstigen eine Reiseverstopfung.

Begriff

Unter Verstopfung versteht man das zu seltene Absetzen einer zu harten und kleinen Stuhlmenge. Meistens ist beim Stuhlgang Pressen erforderlich.

Wichtig ist, sich klar zu machen, dass es keine minimale Stuhlfrequenz gibt. Unsere westliche Definition einer normalen Stuhlfrequenz – 3 x pro Tag bis 3 pro Woche – reflektiert die „Normalität" einer Gesellschaft, in der Bewegungsmangel, schlackenarme, nicht vollwertige Ernährung und Abführmittelgebrauch weit verbreitet sind. Es kann nicht schaden, die eigene Normgrenze etwas höher zu eichen und einen häufigeren Stuhlgang anzustreben.

Ursachen

Für unsere Zwecke ist die Unterscheidung zwischen akuter und chronischer Verstopfung sinnvoll.

❑ Eine **akute Verstopfung** ist das oft situativ erklärbare Ausbleiben einer Stuhlentleerung über mehrere Tage bei zuvor normalem Stuhlgang.

❑ **Chronische Verstopfung** ist in der westlichen Welt außerordentlich verbreitet, jedoch wenig thematisiert. Die Abklärung einer chronischen Verstopfung ist auf einer Reise nicht notwendig.

Ursachen der akuten Verstopfung

❑ Funktionell: Kostwechsel, Reiseobstipation, Stress.

❑ Reflektorisch: Nierenkolik, Gallenkolik, Magengeschwür.

❑ Zentralnervös: Hirnhautentzündung, Hirnarterienverkalkung.

❑ Schwangerschaftsbedingt.

Verdauungstrakt

Ursachen der chronischen Verstopfung

❑ Mechanisch: Brüche, Dickdarmtumor.
❑ Endokrin (innere Drüsen betreffend): Schilddrüsenunterfunktion.
❑ Schmerzbedingt: Analfissur, Hämorrhoiden.
❑ Medikamente: Opiate (Morphium, Tramal®, Temgesic®), Antazida (Maaloxan®), Sedativa (Valium®, Lexotanil®), Spasmolytika (Buscopan®).

Krankheitszeichen

Bei akut auftretender Verstopfung ist im Wesentlichen auf Begleitsymptome zu achten, die eine ursächliche Einordnung erlauben. In einem solchen Zusammenhang tritt die Verstopfung als Folge der zu Grunde liegenden Ursache auf und letztere sollte therapeutisch angegangen werden.

❑ So sind eine gravierende Zeitumstellung oder unregelmäßiges, ungewohntes Essen Hinweise für eine funktionelle Störung.
❑ Kolikartiger Flanken- oder Oberbauchschmerz deuten auf eine Kolik hin (↗Bauchschmerz).
❑ Ein schmerzhafter steifer Nacken sollte an eine ↗Hirnhautentzündung denken lassen.
❑ Insbesondere ist wichtig, einen drohenden Darmverschluss (Ileus) nicht zu übersehen (↗Bauchschmerz). Daher hier noch einmal die wichtigsten Symptome eines Ileus: akuter oder langsamer Krankheitsbeginn, Koliken bis hin zu heftigen Dauerschmerzen, verstärkte bis fehlende Darmgeräusche (Totenstille!), deutliche Beeinträchtigung des Zustandes.

Bedrohlichkeit

Eine nicht durch die Situation oder veränderte Lebensumstände erklärbare, akute Verstopfung, die bestehen bleibt, muss ärztlich untersucht werden.
Eine chronisch bestehende Verstopfung ist zwar grundsätzlich abklärungsbedürftig, dies muss jedoch nicht auf der Reise geschehen.

Entscheidungsweg

Man beschränkt sich auf die Beachtung der Begleitumstände, den Ausschluss eines Darmverschlusses und das Erkennen möglicher ursächlicher Faktoren. Ungeachtet der vielen Ursachen geht es auf Reisen darum, durch einen Therapieversuch die Symptomatik zu bessern.

Therapie

+ Sollte auf Reisen eine akute Verstopfung auftreten, ist der natürlichste Therapieansatz zunächst der, auf eine **ballaststoffreiche Ernährung** zu achten. Ballaststoffe beschleunigen die Magen-Darm-Passage, erhöhen das Stuhlgewicht und führen so zu häufigeren Entleerungen. Eine solche ballaststoffreiche Ernährung kann zunächst mit „Bordmitteln" erreicht werden. Weizenkleie, kleiehaltiges Brot, Dörrobst, aber auch Popcorn und Kartoffelchips sind geeignete und fast überall zugängliche Nahrungsmittel. Wichtig ist, zusätzlich mindestens 2–3 Liter Flüssigkeit zu sich zu nehmen!

+ In zweiter Linie können **von Arzneimittelherstellern angebotene Ballaststoffe** gegeben werden. Sehr bewährt hat sich die Gabe von Flohsamenschalen, z. B. Muco-Falk®. Diese können auch chronisch Obstipierten zur Mitnahme empfohlen werden, um einer reisebedingten Zunahme der Verstopfung vorzubeugen.

+ Erst wenn diese Therapieversuche scheitern, sollten chemische Abführmittel, wie z. B. Dulcolax® zum Einsatz kommen.

Sodbrennen

Saures Aufstoßen und Sodbrennen sind häufige Symptome, die auch auf Reisen auftreten und Probleme bereiten können. Für eine kurze Zeitperiode sind sie einer Selbstbehandlung gut zugänglich.

Begriff

Unter Sodbrennen versteht man ein hinter dem Brustbein empfundenes, teils brennendes, teils schmerzhaftes Gefühl. Oft tritt Sodbrennen nach dem Essen auf, kann aber auch nüchtern bemerkt werden.

Verdauungstrakt

Ursachen

Das hinter dem Brustbein empfundene, oft mit der Nahrungsaufnahme gekoppelte Sodbrennen ist in den meisten Fällen Folge eines Rückflusses von saurem Magensaft in die Speiseröhre und bei typischem Verhalten eindeutig zuzuordnen.

Steht ein retrosternaler (hinter dem Brustbein) Schmerzcharakter im Vordergrund, müssen im Wesentlichen ein ➚Angina-Pectoris-Anfall oder ein ➚Herzinfarkt abgegrenzt werden.

Begleitende Faktoren, die einen Rückfluss von Mageninhalt in die Speiseröhre begünstigen können, sind Übergewichtigkeit, Ess- und Trinkgewohnheiten (Kaffee, Zitrusfrüchte, Alkohol, Schokolade) und Medikamente (viele Hochdruck- und Herzmedikamente, Theophyllin).

Krankheitszeichen

Saures Aufstoßen, Sodbrennen und Schluckbeschwerden lassen sich unschwer einer Refluxkrankheit zuordnen. Weniger bekannt ist, dass auch Räuspern, Heiserkeit und sogar Asthmaanfälle mit einer Refluxkrankheit zusammenhängen können.

Bedrohlichkeit

Das insbesondere mit überreichlichem Essen auftretende, gelegentlich Sodbrennen ist kein bedrohliches Krankheitszeichen. Sollten jedoch blutiges Erbrechen, Schluckbeschwerden für flüssige oder feste Nahrung auftreten oder Sodbrennen länger als zwei Wochen anhalten, ist eine weitere Abklärung angezeigt.

Therapie

Allgemeine Maßnahmen
+ Keine fettreichen Speisen.
+ Kein Alkohol, keine Fruchtsäfte.
+ Kein Nikotin.
+ Keine einengende Kleidung.

Protonenpumpenblocker

+ Omeprazol (Antra®) 2 x 20 mg/Tag.
+ Pantoprazol (Pantozol®) 1 x 40 mg/Tag.
+ Lansoprazol (Lanzor®) 1 x 30 mg/Tag.

Entscheidungsweg

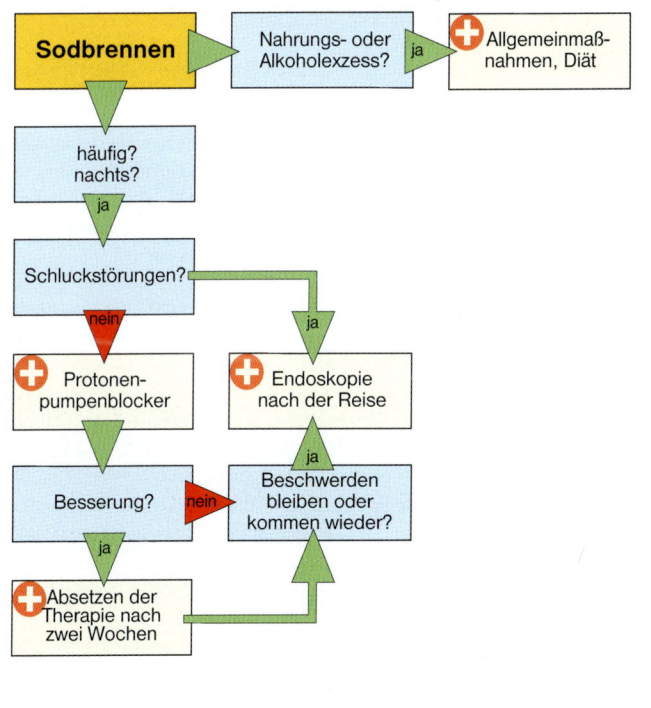

Verdauungstrakt

Gelbsucht (Ikterus)

Gelbsucht ist kein häufig auftretendes Symptom. Dennoch sollte der Reisende hierüber etwas wissen, da die Gelbfärbung erschrecken kann und oft mit dem Stigma einer Ansteckungsgefahr belastet ist.

Begriff

Gelbsucht bezeichnet die Gelbfärbung von Haut und Schleimhäuten durch die Zunahme von Bilirubin, einem gelblich-braunen Gallenfarbstoff, der beim Abbau des roten Blutfarbstoffs Hämoglobin entsteht.

Ursachen

Die Abklärung der Ursache einer Gelbsucht kann selbst ein gut ausgestattetes Krankenhaus vor Probleme stellen. Daher kann dieses Kapitel den Reisenden nur in die Lage versetzen, eine grobe Einordnung vorzunehmen, um entscheiden zu können, ob evtl. Ansteckungsgefahr besteht und ob ein Arztbesuch dringend nötig ist. Die Ursachen können vereinfachend in drei Gruppen eingeteilt werden:

❏ **Hämolytische Gelbsucht:** Es fällt zu viel Hämoglobin durch einen „Blutuntergang" an. Dies kann z. B. bei ausgedehnten Blutergüssen als Folge eines Unfalls auftreten.
❏ **Hepatozelluläre Gelbsucht:** Eine Schädigung der Leberzellen. Dies tritt z. B. bei einer Leberentzündung (Hepatitis) auf. Aber auch eine akute Herzschwäche (➚Luftnot, ➚Ödeme) kann eine Leberstauung und damit eine Gelbsucht hervorrufen.
❏ **Cholestatische Gelbsucht:** Galle und Bilirubin können nicht richtig abfließen, z. B. wenn ein Gallenstein den Gallengang verstopft.

Krankheitszeichen

Da dem Reisenden keine Laboruntersuchungen und bildgebende Verfahren (Ultraschall) zur Verfügung stehen, sind Vorgeschichte und klinische Krankheitszeichen besonders wichtig. Diese lassen in manchen Fällen eine Verdachtsdiagnose zu. Die Entscheidung, ob eine gelbe Hautfärbung vorliegt, sollte unter guten Lichtbedingungen, am besten bei Tageslicht erfolgen. Hierbei betrachtet man die Haut und die Bindehaut des Auges.

Die in der Tabelle aufgelisteten, möglicherweise zusätzlich auftretenden Symptome lassen eine erste Verdachtsdiagnose zu.

Vorgeschichte und Rahmenbedingungen	Krankheitszeichen	Verdachtsdiagnose
Bluttransfusion, iv-Drogen, Auslandsaufenthalt, jüngere Patienten, schnelle Gelbfärbung	*Fieber, Übelkeit, Erbrechen, Exanthem*, Gelenkschmerzen*	*Hepatitis*
Häufiger Frauen, Gallenkoliken oder Oberbauchschmerzen	*Juckreiz, Stuhlentfärbung*	*Cholestase*
Alkoholvorgeschichte	*Ascites***	*oft bei Leberzirrhose*
Alkoholvorgeschichte	*Gefäßspinnen***, Palmarerythem****, Verminderung der männl. Behaarung*	*oft bei Leberzirrhose*
Intensive Gelbsucht, Alkoholvorgeschichte	*Unruhe, Zittern, Halluzinationen*	*Alkoholhepatitis*

*   *Exanthem: meist vergänglicher, oft rötlicher Hautausschlag*

**   *Ascites: Wasseransammlung in der Bauchhöhle*

***   *Gefäßspinnen: im Gesicht, am Arm und der Brustvorderseite auftretende, spinnenartig aussehende, feine Blutgefäße, die beim Eindrücken sich von dem Zentralgefäß in der Mitte aus füllen.*

**** *Palmarerythem: Rotfärbung des Daumen- oder Kleinfingerballens*

Veränderungen wie Palmarerythem und Gefäßspinnen werden auch mit dem Begriff Leberhautzeichen bezeichnet.

Bedrohlichkeit

Obwohl man bei einer Gelbfärbung der Haut erschrickt, ist sie meistens nicht in dem Sinne bedrohlich, dass sofort ärztliche Hilfe in Anspruch genommen werden müsste. Dennoch gibt es natürlich sehr ernst zu nehmende Erkrankungen (Bauchspeicheldrüsenkrebs,

Verdauungstrakt

schwere Leberzirrhose), die eine baldige medizinische Hilfe erforderlich machen. Annähernd kann gelten, dass schweres Krankheitsgefühl, Hinfälligkeit, Schmerzen und hohes Fieber zur Eile mahnen.

Therapie

Da die Ursachenklärung einer Gelbsucht für Laien nahezu unmöglich ist, sind die genannten Therapievorschläge daher nur überbrückend und dann anzuwenden, wenn kein Arzt schnell zugänglich ist.

Entscheidungsweg

Leberstauung
Vermutungsdiagnose: Leberstauung infolge einer Herzschwäche.
+ Sollten bereits harntreibende Medikamente (Diuretika) eingenommen werden, kann man deren Dosis verdoppeln. Ansonsten wäre Furosemid (Lasix®) 2 x 20 mg/Tag angezeigt.

Infektiöse Gelbsucht
Die Verdachtsdiagnose lautet infektiöse Gelbsucht. Über die Ausscheidung übertragbar ist nur eine Hepatitis A oder E. Da hierüber ohne weitere Diagnostik keine sichere Aussage zu erreichen ist, gehe man im Zweifelsfall von einer Übertragbarkeit aus.
+ Der Gelbsüchtige sollte eine eigene Toilette benutzen. Falls das nicht möglich ist, sollte die Toilette desinfiziert werden.
+ Der Kranke soll Bettruhe halten.

Gallestauung
Bei dieser Konstellation ist an eine Gallestauung durch einen Gallengangsstein zu denken. Ein baldiger Arztbesuch ist angezeigt.
+ Es sollte auf Nahrung verzichtet und eine krampflösende Therapie mit Butylscopolaminiumbromid (Buscopan®) 3 x 20 mg/Tag, evtl. ergänzt durch Paracetamol 3 x 500 mg/Tag, eingeleitet werden.
+ Bei Fieber zusätzlich Ciprofloxazin (Ciprobay®) 2 x 500 mg/Tag.

Alkoholische Leberschädigung
Eine Gelbsucht bei den genannten Randbedingungen deutet auf eine fortgeschrittene alkoholische Leberschädigung. Therapeutisch kann

versucht werden, durch Bettruhe, vitaminreiche Fruchtsäfte und Alkoholverzicht eine Besserung zu erreichen. Sollten Halluzinationen („weiße Mäuse") auftreten und sich damit ein Delirium ankündigen, kann Diazepam (Valium®) den Unruhezustand dämpfen.

In jedem Fall ist alsbald ein Arzt aufzusuchen.

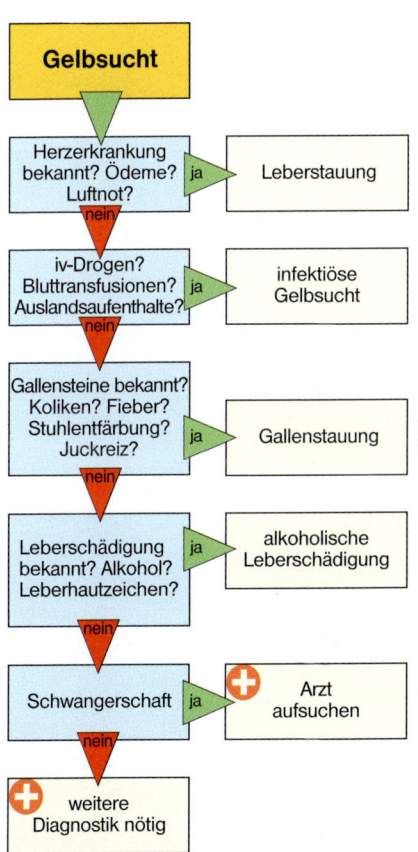

Verdauungstrakt

Neurologische Erkrankungen

Hier werden Erkrankungen des Nervensystems behandelt. Akut behandlungsbedürftig sind neu auftretende Störungen. Es ist schwierig bei einem Mitreisenden, den man kaum kennt, zu unterscheiden, ob ein auffälliges Verhalten („der ist aber komisch geworden") seiner Persönlichkeit entspricht oder krankhaft ist. Zudem befindet sich die Gruppe in einer Ausnahme-Situation und die Toleranz gegenüber „Auffälligen" ist unterschiedlich.

Eine Veränderung von Klima, Ernährung und Umgebung kann beim Betroffenen aber durchaus zu einem Ausbruch einer neurologisch-psychiatrischen Erkrankung führen.

Begriff

Bei Erkrankungen des Nervensystems ist zu unterscheiden zwischen psychiatrischen Krankheiten und körperlichen Erkrankungen der Nerven und des Gehirns. **Psychiatrische Erkrankungen** sind seelische, manchmal nur im Verhalten spürbare Auffälligkeiten ohne derzeit nachweisbare Schädigung des Gehirns. Bei **neurologischen Krankheiten** besteht eine krankhafte Störung des zentralen, peripheren, unwillkürlichen Nervensystems und/oder der Muskulatur.

Ursachen

Bei Erkrankungen der Seele sind die Ursachen oft nicht leicht zu erkennen. Eheprobleme o. Ä. mögen auf den ersten Blick einleuchten, die Lösung ist aber für den kurzzeitigen Beobachter schwer möglich. Die körperlichen, auf Reisen wichtigen Erkrankungen des Nervensystems haben als Ursache Blutungen, Infektionen oder Verletzungen.

Krankheitszeichen

Zeichen der neurologischen Störung sind Krämpfe, Lähmungen, Sprachstörungen, aber auch Störungen des Bewusstseins.

Bedrohlichkeit

☑ Bedrohlich ist jede rasch zunehmende Störung des Wachseins.
☑ Bewusstlosigkeit (Koma) ist lebensbedrohlich! Sofort abklären!

Neurologie

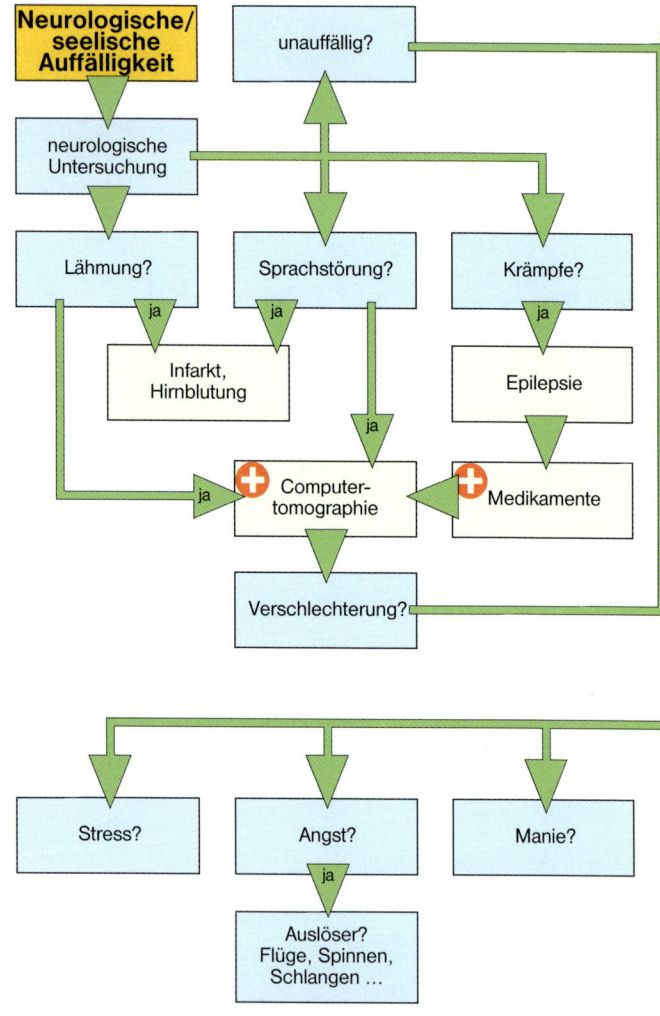

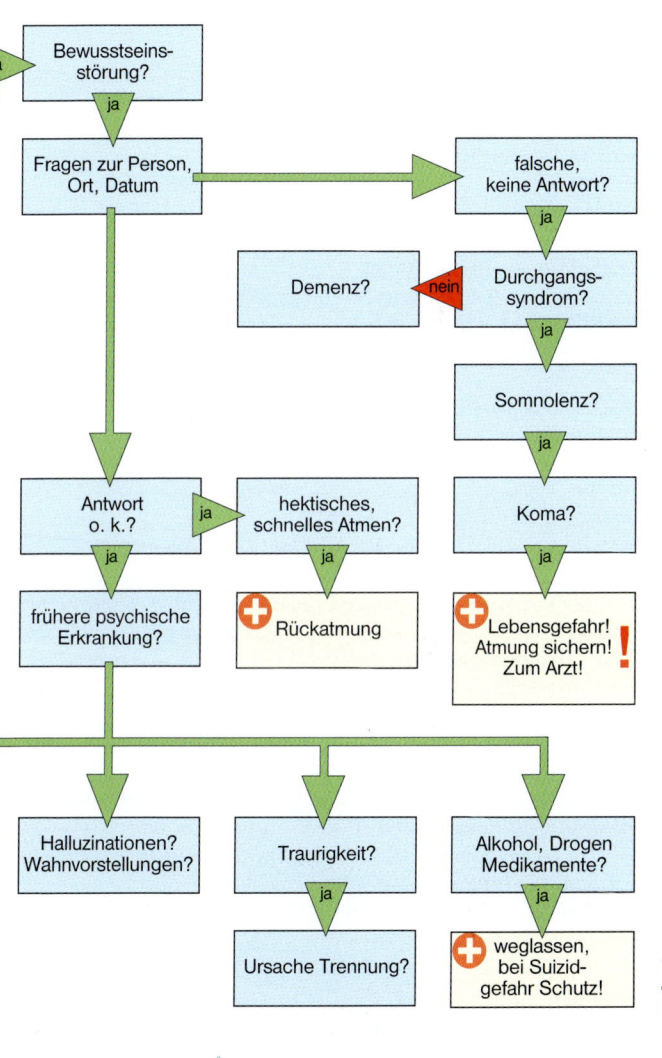

ja

Bewusstseins-störung?

ja

Fragen zur Person, Ort, Datum

falsche, keine Antwort?

ja

Demenz? ◀ nein Durchgangs-syndrom?

ja

Somnolenz?

ja

Antwort o. k.? — ja → hektisches, schnelles Atmen?

Koma?

ja

ja

frühere psychische Erkrankung?

ja

➕ Rückatmung

ja

➕ Lebensgefahr! Atmung sichern! Zum Arzt! !

Halluzinationen? Wahnvorstellungen?

Traurigkeit?

ja

Alkohol, Drogen Medikamente?

ja

Ursache Trennung?

➕ weglassen, bei Suizid-gefahr Schutz!

Neurologie

Neurologische Untersuchung

Die orientierende Untersuchung sucht nach epileptischen Krämpfen, Sprachstörungen, Lähmungen, Störungen der Wachheit. Sie soll helfen zu unterscheiden, ob es sich um eine akute Schädigung von Hirn oder Rückenmark handelt oder um eine Störung des Bewusstseins.

Entscheidungsweg (siehe Flussdiagramm Seite 138)

Krämpfe/epileptischer Anfall

❏ Anfallartiges Auftreten mit Zuckungen entweder nur eines Körperteils oder im Gesicht, zum Teil aber auch fortschreitend und den gesamten Körper betreffend.

❏ Schaum vom dem Mund.

⚠ Akute Gefahr durch Zungenbiss und damit Schwellung der Zunge und Atemnot. Im geeigneten Moment irgend etwas zwischen die Zähne stecken.

❏ Nach dem Anfall kommt eine Schlafphase.

❏ Ist der Kranke wieder wach, ist er zu befragen, ob epileptische Anfälle bekannt sind und er nur sein Medikament nicht genommen hat (Zeitumstellung beim Langstreckenflug, Durchfall o. Ä.)

✚ Ein unbekanntes, neues Krampfleiden muss durch einen Arzt abgeklärt werden, da hier eine akute Hirnerkrankung vorliegen kann

Sprachstörung

❏ Der Patient kann gar nicht mehr sprechen, findet die passenden Worte nicht, redet „Wortsalat", kann nur noch Ein- oder Zwei-Wort-Sätze bilden oder versteht nichts mehr. Solche akut aufgetretene Störung ist bis zum Beweis des Gegenteils verdächtig auf einen ↗**Schlaganfall** oder eine ↗**Hirnblutung.**

✚ Dringend zum Arzt!

Lähmung

❏ Patient kann nicht mehr stehen oder keine Tasse halten.

❏ **Test:** Patient liegt, wird aufgefordert, die Augen zu schließen und beide Arme gestreckt hochzuheben und 10 Sekunden so zu lassen. Bei einer Lähmung sinkt ein Arm deutlich schneller als die Gegenseite herunter. Diesen Test mit den Beinen wiederholen.

❏ Behinderung nur der Beine bei intakten Armfunktionen deutet auf **Querschnittslähmung** hin. ➡Rückenschmerzen?

✚ Röntgen der Wirbelsäule.

❏ Eine akute Lähmung eines Armes und/oder Beines ist bis zum Beweis des Gegenteils verdächtig auf eine akute **Hirnblutung** oder **Schlaganfall**. Dies bedarf der Abklärung.

⚠ Lähmung, Sprachstörung und Anfälle können zu einer Verschlechterung führen, die in ➹Somnolenz und ➹Koma münden.

Bewusstseinsstörung

Die Störung des Bewusstseins lässt sich durch gezielte Fragen zur Person, dem Tag, der Uhrzeit, dem Geburtsdatum und ähnlichen Dingen abklären.

❏ Korrekte Antworten bei Verhaltensauffälligkeit weisen in Richtung einer psychiatrischen Störung hin.

❏ Falsche Antworten weisen in Richtung einer akuten Schädigung des Hirns ➡Durchgangssyndrom.

Schlaganfall

Insbesondere die drei genannten Symptome Sprachstörung, Lähmung und Bewusstseinsstörung können einzeln oder in Kombination Ausdruck eines eingetretenen Schlaganfalls sein.

❏ **Ursache** des Schlaganfalls ist entweder eine Hirndurchblutungsstörung oder eine Hirnblutung, die zu einer meist akuten Schädigung von Hirngewebe mit daraus resultierendem Funktionsausfall führt. Die Art des Defektes ist vom Ort der Schädigung im Gehirn abhängig. Der Verlauf der Erkrankung ist unterschiedlich: Das Krankheitsspektrum reicht von Sekunden dauernden, flüchtigen Sehstörungen bis hin zu einer kompletten halbseitigen Lähmung von Armen und Beinen.

❏ **Therapie:** Die Therapiemöglichkeiten sind für den medizinischen Laien sehr begrenzt.

✚ Wenn möglich, sollte der Blutdruck gemessen werden. Ist dieser systolisch (der 1. Wert) >200 mmHg, kann beim Hochdruckkranken, der seine Medikamente mitführt, eines verabreicht werden. Keinesfalls sollte der systolische Blutdruck unter 150 mmHg abgesenkt werden!

✚ Beim Zuckerkranken (Diabetiker) ist der Blutzucker zu messen. Dieser sollte auf einen Wert zwischen 100 und 200 mg% eingestellt werden.

Durchgangssyndrom

Dieser Begriff umschreibt recht vage die Situation, dass die Hirnleistung offensichtlich gestört ist. Die Ursache ist nicht klar. Er zeigt aber an, dass man damit rechnen muss, dass die Situation schlimmer wird und der Patient evtl. komatös wird. Auch eine Besserung nach einer Schädigung (z. B. nach Schädel-Verletzung mit Bewusstlosigkeit) durchläuft das Durchgangssyndrom.

❏ Gründe: Schädel-Verletzung (z. B. Gehirnerschütterung), Hitzschlag, Kälte, Vergiftung, Austrocknung, Leber-Krankheiten, Schock.

✚ Alles bedarf der Abklärung durch einen Arzt.

Somnolenz

Aus der Auffälligkeit mit komischem Verhalten und vielleicht allgemeiner Verlangsamung ist jetzt eine abnorme Schläfrigkeit geworden.

Koma

Die Somnolenz ist in eine Bewusstlosigkeit übergegangen, d. h. der Patient ist nicht durch Ansprache oder Setzen eines kräftigen Schmerzreizes zu erwecken.

 Dies ist Ausdruck einer akuten Lebensgefahr.

✚ Die Atmung ist sicherzustellen. Um ein Zurückfallen der Zunge und damit eine Verlegung der Atemwege zu vermeiden, wird der Kranke in die **Stabile Seitenlage** (siehe Foto) gebracht und auf Hilfe gewartet oder er wird so transportiert.

Hyperventilation

Der Patient ist wach, ängstlich, erregt, atmet hektisch-schnell, zum Teil sind die Hände verkrampft (Pfötchenstellung).

✚ Anheben des CO_2-Anteils in der Atemluft. Dazu lässt man den Patienten seine eigene Atemluft rückatmen, indem er in eine Plastiktüte atmet.

Psychiatrische Erkrankungen

Reisende mit bekannten psychiatrischen Erkrankungen wissen in der Regel um diese Probleme. Zu klären ist also: Sind Medikamente bekannt und handelt es sich nur um einen Einnahmefehler (Zeitverschiebung, Durchfall, Erbrechen)? Wie wurde bisher in ähnlichen Situationen verfahren? Medikamentenwirkung abwarten.

❏ Auslöser einer akuten Erkrankung kann der Reisestress sein.
✚ Deshalb ist Beruhigung nötig, evtl. auch Valium®-Gabe.

❏ Der Reisestress kann auch verdeckte Angstzustände aufbrechen (Schlangenangst, Flugangst, Angst vor Menschenansammlungen).

▼ *Stabile Seitenlage*

0001d Abb.: aw

Neurologie

✚ Sollten hier das Gespräch und evtl. verabreichte Beruhigungsmittel keine Hilfe bringen, muss die Reise abgebrochen oder ein Arzt aufgesucht werden.

❑ Patienten mit einer **Manie** (krankhafter Aktivitätsdrang, hektische Umtriebigkeit, diein keiner sinnvollen Handlung mündet, ihn und andere aber gefährdet) müssen zum Arzt.

❑ Patienten mit **Wahnvorstellungen** („Ich bin Napoleon", aber auch „Ich werde mit fremden Radarwellen fremdgelenkt", „Man will mich hier umbringen".) bedürfen akuter ärztlicher Hilfe.

❑ **Abnorme Traurigkeit und Trennungsschmerz** können zum Abbruch der Reise führen.

❑ Alle diese Symptome können aber auch durch den Gebrauch und **Missbrauch von Medikamenten, Drogen und Alkohol** entstehen. Bei Drogen und Alkohol hilft natürlich das Weglassen.
   Medikamente (am ehesten für den Reisenden „neue" Mittel, z. B. Malariamittel, Beipackzettel lesen!) können eventuell ausgelassen werden oder die Dosis angepasst werden. An dieser Stelle sei noch einmal darauf hingewiesen, dass das Malariamittel Mefloquin (Lariam®) sowohl Depressionen wie auch psychotische Erscheinungen als Nebenwirkung auslösen kann. Hier müssen die Risiken gegeneinander abgewogen werden!

Suizidgefahr

Anders ist die Situation, wenn die Medikamente in Selbsttötungsabsicht (Suizid) genommen wurden.

✚ Die Erstmaßnahmen bei erfolgter Vergiftung finden sich im Kapitel „Vergiftung".
✚ Reisende mit Selbsttötungsabsichten müssen vor sich selbst geschützt werden. Das bedeutet Entfernung aller gefährlichen Gegenstände und in der Regel eine permanente Aufsicht, bis ein Arzt erreicht wird.

Hautprobleme

Allergische Hautreaktionen

Jeder Mensch ist von Geburt an körperfremden Substanzen ausgesetzt, die in der Regel gut vertragen werden und keine Krankheitserscheinungen hervorrufen. Bei Allergikern erfolgt jedoch eine Sensibilisierung („Empfänglichwerdung") nach mehrmaligem Ausgesetztsein (Exposition) gegenüber einem Fremdstoff, einem Allergen. Allergisch bedingte Hautkrankheiten sind unerwartet auftretende Hauterscheinungen nach erworbener Sensibilisierung gegenüber körperfremden Substanzen, wie Bakterien, Viren oder Pilze.

In diesem Kapitel sollen folgende allergisch bedingte Hautreaktionen bearbeitet werden:

❏ Akute Urtikaria.
❏ Kontakt-Urtikaria.
❏ Akute toxische Kontaktdermatitis.
❏ Akute allergische Kontaktdermatitis.

Akute Urtikaria

Urtikaria sind eine durch Allergene ausgelöste, nicht infektiöse Entzündungsreaktion der Haut.

Ursache

Grundsätzlich können alle Arzneimittel eine allergische Reaktion auslösen. Ferner kommen Nahrungsmittel, mikrobielle Antigene bei Infektionen oder emotionale Faktoren in Betracht.

Symptome

❏ **Starker Juckreiz** besonders während der Entstehung der Quaddeln ist kennzeichnend. Selbst bei stärkstem Juckreiz sieht man keine Kratzeffekte, wie z. B. rote Risslinien.

❏ **Quaddeln** entwickeln sich schnell, innerhalb von wenigen Minuten und sind von Fall zu Fall nach Farbe, Größe und Form verschieden: hellrot bis weißlich, von stecknadelkopfgroß über linsengroß bis zu überhandgroßen Flächen. Sie treten vereinzelt oder gruppenförmig auf. Die Quaddeln können sich schon nach 20 Min. wieder zurückbilden, verschwinden aber meistens erst nach 3–8 Std.

Der Verlauf einer akuten Urtikaria hängt von der sich entwickelnden Begleitsymptomatik ab.

- ❏ **Schwellung im Gesicht** besonders von Lippen und Augenlidern.
- ❏ **Schwellungen im Rachen** machen sich mit Heiserkeit bemerkbar und können bis zu lebensbedrohlicher Luftnot führen.
- ❏ **Durchfall und Bauchkrämpfe** weisen auf Beteiligung der Darmschleimhaut hin, sind jedoch relativ selten.
- ❏ Im Extremfall kommt es zu **Kreislaufstörungen** mit Schocksymptomatik wie Herz- und Atemstillstand.

Therapie
- ✚ **Innerlich:** Telfast 120 mg akut 1 x 1. Bei zusätzlichen Schleimhautreaktionen sollte unverzüglich ärztliche Hilfe geholt werden!
- ✚ **Äußerlich:** Behandlung mit Lotio zinci ist juckreizstillend.

Kontakturtikaria

Ursache
Äußerlicher Kontakt mit Substanzen, die eine allergische Reaktion auslösen können, wie z. B. mit Brennnesseln, Meerestieren (Feuerquallen, Seeanemonen), Insekten (Bienen, Wespen, Hornissen, Wanzen, Flöhe, Mücken, Milben und Ameisen).

Symptome
- ❏ An der Kontaktstelle treten Rötung, Quaddeln und Juckreiz auf.
- ❏ Wichtig für die Diagnose ist, dass die Hauterscheinungen auf den Kontaktbereich begrenzt bleiben.

Bedrohlichkeit
Lebensbedrohlich ist das Anschwellen der Schleimhäute im Rachen. Wenn sich z. B. nach dem Bienen- oder Wespenstich die Rötung und Schwellung um die Stichstelle erweitern, zudem Lippen und Augenlider anschwellen, Luftnot durch Rachenödem einsetzt und ein Kreislaufversagen droht, muss an eine Bienengift- oder Wespengiftallergie gedacht werden und unverzüglich ärztliche Hilfe geholt werden.

Therapie

+ Substanzen meiden, die allergische Reaktionen auslösen können.
+ **Innerlich:** Telfast 120 mg akut 1 x 1. Bei zusätzlichen Schleimhautreaktionen sollte sofort ärztliche Hilfe geholt werden!
+ **Äußerlich:** Antihistamin-Gel (Soventol®, Systral®), Kortison (Emovate Creme® 2 x tgl.)

Akute toxische Kontaktdermatitis

Hautschädliche Substanzen können nach direktem Kontakt mit der Haut an der Kontaktstelle eine akute entzündliche Reaktion, meistens innerhalb von 24 Stunden, erzeugen.

Ursachen

Die Zahl hautschädlicher Substanzen ist sehr groß. Physikalische hautschädliche Substanzen sind z. B. UV-Strahlen, thermische Reize. Chemisch hautschädliche sind z. B. Lösungs- und Reinigungsmittel.

Symptome

❏ Scharf auf den Kontaktbereich **begrenzte Schwellung.**
❏ Rötung mit einer nachträglichen **Blasenbildung,** Schmerzen.
❏ Anschließend Austrocknen der Blasen und **Bildung von Krusten. Schuppung** unter Regenerierung der oberen Hautschicht.

Therapie

+ Meidung oder Abwaschen der hautschädlichen Substanz.
+ **Innerlich:** Telfast 120 mg akut 1 x 1.
+ **Äußerlich:** Zur Eintrocknung von Blasen Schüttelmixturen (Lotio Hermal®), sonst kühlende hydrophile Lotion o. Creme (Linola- Emulsion®, Hydrocordes Creme®), Kortison (Emovate Creme® 2 x tgl.).

Akute allergische Kontaktdermatitis

Diese erfolgt nach lokalem Kontakt mit Allergenen nach ca. 24–48 Std. durch allergische Spättyp-Reaktion. Dies ist eine akute Entzündungsreaktion. Im Gegensatz zur akut toxischen Kontaktdermatitis besteht hier eine individuelle Reaktionsbereitschaft durch bekannte oder unbekannte hautschädliche Substanzen (Kontaktallergene).

Ursache

Die Liste der Kontaktallergene ist sehr lang: Sie reicht von örtlichen Arzneimitteln wie Antibiotika bis zu Salbengrundlagen und Pflanzen (Primeln, Tulpen, Narzissen, Chrysanthemen), Gewürzen, Duftstoffen, Kosmetika, Farbstoffen, Leder.

Symptome

❏ Unscharf begrenzte **Schwellung, Rötung,** starker Juckreiz.

❏ **Blau-rote Plaques mit Bläschenbildung,** anschließend Austrocknen der Blasen und Bildung von Krusten, Schuppung unter Regenerierung der oberen Hautschicht. Es können Hauterscheinungen auch an Stellen auftreten, die keinen Kontakt mit dem Allergen hatten (sog. Streureaktion).

Therapie

✛ Allergenkarenz.

✛ **Innerlich:** Kortison, nur nach ärztlicher Untersuchung.

✛ **Äußerlich:** Kortison (Emovate Creme® 2 x tgl.).

Sonnenbrand und lichtausgelöste Hautreaktionen

Begriff

Unter lichtausgelösten Hautreaktionen (lichtprovozierten Hautdermatosen) versteht man Hautkrankheiten, die durch Sonnenlicht, aber auch durch Langzeitanwendung hochintensiven künstlichen Lichts hervorgerufen werden können.

Viele Sommerurlauber warten das ganze Jahr hindurch auf den uneingeschränkten Genuss der warmen Sonnenstrahlen. Er wirkt positiv auf unsere Psyche und erhöht unsere Leistungsfähigkeit. Man darf jedoch nicht vergessen, dass UV-A- und UV-B-Strahlen und der erhöhte Ozongehalt eine verstärkte Gefahr für die gesunde Haut und somit für das allgemeine Wohlbefinden bilden, wenn nicht rechtzeitig und ausreichend Vorbeugungsmaßnahmen getroffen werden.

Ursachen

Die häufigsten Ursachen von Sonnenbrand sind erhöhte Lichtempfindlichkeit, das Sonnenbaden ohne geeignete Sonnenschutzmaßnahmen, die Wahl von Sonnencremes mit zu niedrigem Lichtschutzfaktor, Fehler beim Eincremen wie z. B. unzureichendes und ungleichmäßiges Verteilen sowie zu spätes Eincremen.

Krankheitszeichen

- ❏ Bei **leichtem Sonnenbrand** folgt der Hautrötung nur Schuppung mit anschließender leichter Hautbräunung.
- ❏ Beim **starken Sonnenbrand** entsteht zuerst eine starke Hautrötung mit Schwellung und Hitzegefühl (1. Grad). Später kommt es zur Bläschen- oder Blasenbildung (2. Grad). Dem folgen Hautablösungen mit nässenden Herden, welche unter Krusten- und Schuppenbildung abheilen (3. Grad).

Bedrohlichkeit

Es ist wichtig, die Vor- und Nachteile der Sonnenstrahlen zu kennen, um sich zu schützen und sie so ungestraft zu genießen. Die Gefahr eines Sonnenbrands ist nicht das einzige Problem. Langwellige UV-A-Strahlen führen mit der Zeit zu vorzeitiger Hautalterung, zu Pigmentverschiebungen und mit zunehmendem Lebensalter zum erhöhten Risiko bei der Entstehung von Krebsvorstufen wie z. B. Keratosen.

Solche **Krebsvorstufen** sollten möglichst vor Antritt eines Urlaubs in warme Klimazonen behandelt werden. Während des Urlaubs sollte die Haut dann mit Vorbeugungsmaßnahmen weiter gepflegt werden. Bei Kindern sollte man besonders auf geeigneten Sonnenschutz achten, denn sie halten sich öfter und länger im Freien auf. Heute weiß man, dass häufige Sonnenbrände im Kindes- und Jugendalter später das Hautkrebsrisiko erheblich erhöhen!

Vorbeugung

Sowohl Erwachsene wie auch Kinder sollten wissen, wie man sich vor schädlichen Sonnenstrahlen schützen und sie vermeiden kann:

❏ Vermeiden Sie die Mittagssonne von 11.00–15.00 Uhr.

❏ Setzten Sie Kleinkinder unter 12 Monaten nie direkt der Sonne aus!

❏ Für Ausflüge im Freien ist die schwächere Morgen- oder Nachmittagssonne gut geeignet.

❏ Kinder und schwangere Frauen sollten stets einen hohen Lichtschutzfaktor anwenden.

❏ Da Kinder meist viel Zeit im Freien verbringen, sollte man auf Gesichts- und Nackenschutz mit geeigneter Kopfbedeckung (Kappe mit Nackenschutz) achten und den Oberkörper mit Oberbekleidung, z. B. durch ein weißes, nicht eng anliegendes T-Shirt, zusätzlich schützen.

❏ Auch Erwachsene sollten Kopfbedeckung, T-Shirt und Sonnenbrille nicht vergessen!

❏ Gewöhnen Sie sich selbst und Ihre Kinder daran, mindestens eine Viertelstunde vor dem Sonnenbaden und mehrmals täglich alle lichtausgesetzten Hautregionen ausreichend und gleichmäßig mit Sonnenschutzmittel einzucremen. Heute gibt es Produkte für Kinder (Gel, Spray, Lotion, Creme, Schaumspray), die beim Auftragen sogar Spaß bereiten.

❏ Falls Sie bestimmte Medikamente (Antibiotika, orale Verhütungsmittel) auch während des Urlaubes weiter einnehmen sollten, informieren Sie sich bei Ihrem Arzt, ob dem Sonnenbaden etwas entgegensteht.

❏ Vermeiden Sie das Auftragen von Parfüms oder parfümierten Kosmetika beim Sonnenbaden und bevorzugen Sie unparfümierte Sonnenschutzmittel wegen eventuell auftretender Hautunverträglichkeiten.

❏ Benutzen Sie wegen ihrer begrenzten Haltbarkeit möglichst keine Sonnenschutzmittel vom letzten Jahr.

❏ Bevorzugen Sie fett- und emulgatorfreie Sonnenschutzmittel.

❏ Für Teenager oder bei zur Akne neigender Haut gibt es heutzutage fettfreie Sonnenschutzmittel.

❏ Tragen Sie das Sonnenschutzmittel mindestens eine Viertelstunde vor dem Sonnenbad auf!

❏ Benutzen Sie das Sonnenschutzmittel – selbst wasserfeste Produkte – mehrmals täglich.

❏ Jeder Hauttyp unterscheidet sich in seiner Eigenschutzzeit und Empfindlichkeit gegenüber Sonnenstrahlen (s. folgende Tabelle).

Man sollte immer mindestens in den ersten Urlaubswochen je nach Hauttyp mit einem geeigneten Lichtschutzfaktor anfangen, später kann man den Sonnenschutz mit einem niedrigeren Lichtschutzfaktor fortführen.

❏ Erwachsene sollten je nach Hauttyp den Lichtschutzfaktor wählen.

Hauttyp	Eigenschutzzeit	Lichtschutzfaktor*
keltischer Typ	5–10 Min.	über 20
germanischer Typ	10–15 Min.	mindestens 20
Mischtyp	15–30 Min.	mindestens 15
mediterraner Typ	30–40 Min.	mindestens 12
schwarzhäutiger Typ	40–120 Min.	mindestens 8

Der Lichtschutzfaktor wird in Europa nach der Colipa-Methode bestimmt.

❏ Man sollte darauf achten, dass das Sonnenschutzmittel auch eine UV-A-Schutzwirkung hat.

❏ Bei Allergieneigung sollte man Sonnenschutzmittel ohne Konservierungsstoffe verwenden.

❏ Bei bekannter Sonnenallergie ist eine Einnahme von Antihistaminika einige Tage vor Urlaubsbeginn zur Vorbeugung angebracht und besondere Vorsicht geboten.

Therapie

Grad	Ersttherapie	Vermeiden der Sonne
1	Abkühlen der Haut durch feuchte Umschläge, Auftragen von Feuchtigkeitslotionen oder Sonnenbrand-Gel	24 Stunden
2	Auftragung von Kortison in Form von Lotion oder Creme	bis Symptome abklingen
3	wie bei Grad 2, zudem ärztliche Behandlung	bis Symptome abklingen

Akne tropicalis

Begriff

Bei Tropenreisenden besteht wegen der hohen Luftfeuchtigkeit und Wärme das Risiko, dass sich wegen erhöhter Schweiß- und Talgdrüsenfunktion ein Exanthem (fleckiger Hautausschlag) entwickelt.

Ursachen
Starkes Schwitzen, hohe Luftfeuchtigkeit, erhöhte Talgproduktion.

Krankheitszeichen
❏ Erhöhte Schweiß- und Talgdrüsenfunktion.

Vorbeugung und Therapie
❏ Körperpflege mit Syndets (seifenfreie Waschmittel).
❏ Tragen luftdurchlässiger Kleidung.

Parasiten, die überwiegend bedeckte Körperstellen befallen

Kopflaus

Krankheitszeichen
Die Nissen sitzen meist fest in den Haaren. Beim Blutsaugen verursacht der Läusespeichel einen starken Juckreiz, der durch das Kratzen besonders im Nacken Hautrötung teilweise mit Schuppung und kleinen Blutkrusten hervorrufen kann. Mit zunehmendem Juckreiz und Kratzeffekt können sich die Wunden leicht entzünden, was zur Bildung kleiner Eiterpusteln führen kann.

Verbreitung und Übertragung
Von Mensch zu Mensch durch infizierte oder gemeinsam benutzte Kopfunterlagen und Kopfbedeckung, Haarbürsten oder Kämme. Unterkünfte mit schlechten hygienischen Bedingungen.

Vorbeugung
❏ Sorgfältige Körperhygiene.
❏ Unterkünfte mit sauberer Bettwäsche.

Therapie
✚ Alle Kontaktpersonen Haarwäsche mit Quellada®, Goldgeist forte®
✚ Auswaschen der Nissen mit warmem Essigwasser und Auskämmen der Haare mir einem feinen Kamm.

Kleiderlaus

Krankheitszeichen

Befallen sind die mit Kleidern bedeckten Hautregionen. Nach dem Biss kommt es durch das Speichelsekret zur Rötung, Quaddel- und Knötchenbildung mit sehr starkem Juckreiz.

Verbreitung und Übertragung

Schlechte hygienische Bedingungen. Die Kleiderlaus sitzt nicht am Körper, sondern in anliegenden Kleidern, besonders in Kleiderfalten und -nähten. Kleiderläuse übertragen Krankheiten wie z. B. Rückfallfieber, Rickettsiosen, Fleckfieber und Wolhynisches Fieber.

Vorbeugung

❑ Sorgfältige Körperhygiene.
❑ Unterkünfte mit sauberer Bettwäsche.

Therapie

✚ Auskochen der Wäsche aller Kontaktpersonen.
✚ Äußerlich: Antihistamin-Gel (Soventol®, Systral® 3 x tgl.), ggf. Glukokortikoide (Emovate®Creme 2 x tgl.).
✚ Ärztliche Behandlung wegen unterschiedlicher Hauterscheinung und möglicher Zweitinfektion.

Filzlaus

Krankheitszeichen

Der Juckreiz beim Filzlausbefall nimmt zwar nachts zu, ist aber sonst nur mäßig. Einnistungsregionen sind in behaarter Genitalregion, Achselhöhle, stark behaartem Bauch- und Brustbereich. Typische Hautmerkmale sind blaugraue Flecken in den befallenen Hautregionen.

Übertragung

Enger Körperkontakt, Geschlechtsverkehr.

Vorbeugung

❑ Sorgfältige Körperhygiene.
❑ Unterkünfte mit sauberer Bettwäsche.

Therapie

+ Gründliche Wäsche der befallenen Regionen aller Kontaktpersonen mit einem desinfizierenden Reinigungsmittel.
+ Anschließend mit Quellada® oder Lindane® Lotion.

Milbe

Krankheitszeichen

An den Einstichstellen entsteht ein typischer starker Juckreiz, der sich besonders nachts unter der warmen Bettdecke oder in der Wärme (z. B. nach einem heißen Bad) verstärkt. Erscheinungen sind stichförmige Hautrötungen an weichen, empfindlichen und feuchtwarmen Hautstellen, die sich mit zunehmendem Juckreiz und Kratzeffekt zu kleinen Eiterpusteln entwickeln können. Besonders befallene Regionen sind die Hautfalten zwischen den Fingern, Handgelenke, Unterarme, Achseln, Brustwarzenhof, Nabel, Genitalbereich, Gesäßregion und Oberschenkelinnenseiten. Kopf und Nacken sind ausgespart!

Übertragung

Enger Körperkontakt, Geschlechtsverkehr, schlechte hygienische Bedingungen, Schlafen im selben Bett.

Vorbeugung

❏ Sorgfältige Körperhygiene.
❏ Unterkünfte mit sauberer Bettwäsche.

Therapie

+ Gleichzeitig Untersuchung von Kontaktpersonen.
+ Äußerliche Behandlung mit Elimite® Creme, Lindane® Lotion.
+ Ärztliche Behandlung je nach Alter der erkrankten Person besonders Kinder und individuell bei schwangeren Frauen.

Flöhe

Krankheitszeichen

Flohstiche befinden sich meistens an bedeckten Körperstellen. An den Stichstellen bilden sich heftig juckende Rötung und Quaddeln, deren Juckreiz manchmal wochenlang anhalten kann.

Übertragung

Flöhe sind flügellose, sprunggewaltige Insekten, die bei schlechten hygienischen Bedingungen als Wirte Menschen, ansonsten Hunde, Katzen, Ratten oder Hühner benutzen. Sie kommen auch in öffentlichen Verkehrsmitteln und Gebäuden vor, wegen Lichtscheu auch oft hinter Ritzen oder unter Teppichen.

Vorbeugung

❑ Sorgfältige Körperhygiene.
❑ Unterkünfte mit sauberer Bettwäsche.
❑ Einreibung mit Insekten abweisenden Repellents (Autan®, Off®).

Therapie

✚ Äußerlich: Lotio zinci, Antihistamin-Gel (Soventol®, Systral® 3 x tgl.)
✚ Innerlich: Telfast 120 mg akut 1 x 1.
✚ Befallene Haustiere untersuchen und ggf. behandeln.

Parasiten und Insekten, die unbedeckte Körperteile befallen

Wanzen

Begriff

Bettwanzen suchen den Menschen nachts auf. Sie lassen sich von der Decke auf das Bett fallen oder kommen herangekrochen, um Blut zu saugen.

Krankheitszeichen

Juckende Hautrötungen an allen von der Nachtbekleidung freigelassenen Körperteilen.

Übertragung

Unterkünfte mit schlechten hygienischen Bedingungen.

Vorbeugung

❑ Sorgfältige Körperhygiene.
❑ Unterkünfte mit sauberer Bettwäsche.

Therapie

+ Äußerlich: Einreiben der befallenen Hautstellen mit Lotio zinci oder Soventol® Gel 3 x tgl.
+ Bei starkem Juckreiz innerlich: Telfast 120 mg akut 1 x 1.
+ Vernichtung der Wanzen durch Insektizide.

Zecke

Begriff

Zecken leben in waldreichen Gegenden, auf Weiden, Wiesen und an Seeufern und lassen sich bei Gelegenheit auf Menschen oder auf Tiere herabfallen. Je nach Entwicklungszyklus ernähren sie sich von Maus, Hund, Katze, Rindern, Rehen und Mensch.

Krankheitszeichen

Zecken verankern sich in der Haut, indem sie sich mit ihrem Mundapparat in die Haut bohren. Durch den Zeckenbiss können Bakterien und Viren übertragen werden, wobei verschiedene Krankheitsbilder (z. B. Zeckenrückfallfieber, Lyme-Krankheit, **F**rü**so**mmer-**M**eningo **E**ncephalitis (**FSME**) – also Hirnhautentzündung) folgen können. In diesen Fällen sind **Kopfschmerzen** das Hauptsymptom. Nebenbei treten allgemein typische **grippeähnliche Symptome** wie Gliederschmerzen, Fieber oder Müdigkeit auf.

Vorbeugung

Spezielle Schutzmaßnahmen vor der Infektion existieren nicht.
❏ Bei Naturaufenthalten in befallenen Gebieten lange Hosen und langärmelige Oberkleidung und geschlossene Schuhe tragen.
❏ Täglich duschen und Körper und Kleidung nach Zecken absuchen.
❏ Gegen FSME (insbesondere in Europa und Russland) gibt es eine Schutzimpfung

Therapie

+ Komplette Entfernung der Zecke samt Kopf und dem Mundapparat durch gleichmäßigen Zug mit einer gebogenen Pinzette.
+ Ärztliche Hilfe bei Versagen aller angewandten Mittel und bei Verdacht auf Übertragung von Infektionen nach Zeckenbiss.
+ Fieber nach Zeckenbiss ➡Antibiotikum.

Hautflügler

Begriff
Zu den Hautflüglern zählen Wespen, Bienen, Hornissen und Hummeln, deren Stiche zu toxischen Reaktionen führen und in manchen Fällen ernsthafte Krankheitsbilder auslösen können.

Krankheitszeichen
An der Stichstelle entsteht zunächst eine Rötung. Je nach Stärke der toxischen Reaktion gegenüber dem Gift können die Stiche lebensgefährlich werden. Hierbei kann es zu einer verbreiteten allergischen Hautreaktion (siehe „Allergische Hautreaktionen") mit Luftnot oder auch mit Kreislaufversagen kommen.

Vorbeugung
Einreibung mit insektenabweisenden Repellents (Autan®, Off®).

Therapie
+ Vorsichtiges Entfernen des Stachels, Eiswürfel auf die Stichstelle.
+ Innerlich: Telfast 120 mg akut 1 x 1.
+ Bei toxischen und lebensbedrohlichen Reaktionen: Sofortiges Aufsuchen ärztlicher Hilfe!
+ Äußerlich: Antihistamin-Gel (Soventol®, Systral® 3 x tgl.), Glukokortikoide (Emovate®Creme 2 x tgl.), Lotio zinci.

Zweiflügler

Begriff
Zu den Zweiflügler zählen Stechmücken, Stechfliegen, gewöhnliche Fliegen und Bremsen. In tropischen Gebieten sind verschiedene Stechmücken Überträger von gefürchteten tropischen Krankheiten wie Malaria, Gelbfieber, Schlafkrankheit und Leishmaniose.

Krankheitszeichen
Bei Stichen, verursacht durch gewöhnliche Fliegen, sind die Hauterscheinungen meist unbedeutend. Gewöhnlich entwickelt sich an der Stichstelle eine rötliche Quaddel mit zentralem Stichpunkt, selten kommt es zu einer allgemeinen allergischen Reaktion.

Vorbeugung

❏ Einreibung mit insektenabweisenden Repellents (Autan®, Off®).
❏ Zur Insektenabwehr siehe „Malaria".

Therapie

✚ Äußerlich: Antihistamin-Gel (Soventol®, Systral® 3 x tgl.), Glukokortikoide (Emovate®Creme 2 x tgl.), Lotio zinci.
✚ Bei Gefahr von tropischen Krankheiten ↗Tropenkrankheiten.

Sandfloh

Krankheitszeichen

Der Sandfloh nistet sich in den Zehenzwischenräumen, der Fußsohle
oder unter die Zehennägel, aber auch gerne in der Genitoanalregion
(Genital- und Analregion) ein. Die befallenen Hautareale können sich
durch den starken Juckreiz und durch Kratzen leicht entzünden.

Übertragung

Vorkommend in sandigen Böden (nicht unbedingt an Sandstränden)
in tropischen Gebieten Amerikas, Afrikas und Ostasiens.

Vorbeugung

❏ Sorgfältige Körperhygiene.
❏ Streuen von Insektiziden in Schuhe und Strümpfe.

Therapie

✚ Bei allen Kontaktpersonen Flöhe mit einer Nadel oder feinen Pinzette entfernen. Abtötung mit Äther, Petroleum oder Terpentinöl.

Juckreiz

Juckreiz ist eine der häufigsten und unangenehmsten Empfindungen
der Haut, die zumeist störend, ja sogar oft qualvoll sein kann. Die Art
des Juckreizes kann sehr unterschiedlich sein, weil dieser individuell
empfunden wird. Dies macht die richtige Beurteilung sehr schwierig.
Die Erforschung der Faktoren, die den Juckreiz auslösen, ist noch
nicht abgeschlossen.

Ursachen

Häufige Ursachen für Juckreiz sind:
- ❑ Allergische Hautreaktion.
- ❑ Extrem trockene Haut.
- ❑ Schuppenflechte.
- ❑ Infektion.
- ❑ Hautbläschen.
- ❑ Insektenstich.
- ❑ Abheilende Wunde.

Allergische Hautreaktion

Das Gebiet der Substanzen, Faktoren und Mechanismen, die zu einer allergischen Hautreaktion führen, ist sehr umfangreich und wird immer noch erforscht. Ausführlicher ➚Allergische Hautreaktionen.

Extrem trockene Haut

Begriff und Ursache

- ❑ Häufiges **heißes Duschen** oder Anwendung von austrocknenden Dusch- oder Bade-Gelen und entfettenden Seifen können zur Austrocknung der Haut mit kaum sichtbarer Schuppung der Haut und starkem Juckreiz führen.
- ❑ Mit **zunehmendem Alter** verliert die Haut, besonders in den talgdrüsenarmen Hautregionen wie Armen und Beinen, an Feuchtigkeit, was starken Juckreiz hervorrufen kann.

Therapie

- ❑ Bevorzugen Sie beim Duschen feuchtigkeitsspendende, seifenfreie Waschmittel und vermeiden Sie häufiges heißes Duschen.
- ❑ Pflegen Sie Ihre Haut besonders mit rückfettenden oder feuchtigkeitsspendenden Cremes oder Körperlotionen.

Schuppenflechte

Begriff

Bei der Schuppenflechte (Psoriasis) handelt es sich um eine chronisch verlaufende Hautkrankheit, die durch verschiedene Provokationsfaktoren in Schüben verläuft. Die Behandlung sollte auch während der Reise fortgesetzt werden. Es ist bekannt, dass die Sonnenbestrahlung günstig gegen Schuppenflechte wirkt. Dennoch sollte man nicht vergessen, dass eine gleichzeitige Behandlung mit phototoxisch wirkenden Medikamenten, z. B. Methoxypsoralen, die Haut sehr lichtempfindlich macht.

Obwohl UV-Strahlen gegen Schuppenflechte wirken, sollte man wegen der erhöhten Lichtempfindlichkeit der Haut nur begrenzt von der Sonnenstrahlung Gebrauch machen.

Infektion

Für den Laien ist es sehr schwierig, das sehr häufig in der Genitoanalregion auftretende Ekzem von einer bakteriellen Infektion oder von einer Pilzinfektion zu unterscheiden. Die Tabelle 1 auf Seite 162 gibt einen Überblick.

Mit Bläschen verlaufende Hautkrankheiten

Bläschen sind Hauterscheinungen, die bei verschiedenen Hautkrankheiten auftreten und sich in Form, Farbe, Verbreitungsart und Örtlichkeit unterscheiden. Anhand der Tabelle 2 auf Seite 162 soll der Weg zu einer Verdachtsdiagnose von mit Bläschen verlaufenden Hautkrankheiten erleichtert werden, um sich so selbst im Anfangsstadium der Hauterkrankung helfen oder rechtzeitig ärztliche Unterstützung aufsuchen zu können.

Insektenstich

Parasiten wie Milben, Läuse, Flöhe, Insekten und Zecken können durch ihre Einstiche Hauterscheinungen mit starkem Juckreiz verursachen ↗Erkrankungen der Haut durch Parasiten und Insekten.

Abheilende Wunde

Bei abheilenden Wunden kann während der Wundheilphase bei Krustenbildung oder Narbenbildung ein Juckreiz auftreten.

Tabelle 1: Hauterscheinungen mit Juckreiz in der Genitoanalregion

Krankheitszeichen	Streuphänome	Juckreiz
scharf begrenzt; entzündlich rot, braunrötliche, randbetonte Herde	*keine*	*ja*
unscharfe Begrenzung; braunrötliche Herde	*ja*	*ja*
scharf begrenzt; braunrötliche Herde	*keine*	*ja*

Tabelle 2: Mit Bläschen verlaufende Krankheiten

Lokalisation	*Rumpf, Achseln, Leiste*	*am ganzen Körper*
Form	*stecknadelkopfgroß*	*stecknadelkopf- bis reiskorngroß*
Farbe	*wasserhell*	*wasserhell*
Verteilungsart	*einzeln verstreut*	*einzeln verstreut auf rötlichem Grund*
Juckreiz	*selten*	*starker*
Brennen	*kein*	*kein*
Schmerzen	*keine*	*keine*
Begleitsymptome	*vermehrtes Schwitzen, in Begleitung von Infektionskrankheit*	*leichtes Fieber, Kopfschmerzen, Schleimhät sind betroffen*
Erreger	*Bakterien*	*Viren*
Verdachtsdiagnose	**Hitzepickel** *(Sudamina)*	**Windpocken** *(Varizellen)*
Ersttherapie	*luftige Kleidung, starkes Schwitzen vermeiden. Äußerlich: trocknende Zinkschüttelmixtur*	*Bettruhe. Innerlich bei starkem Juckreiz: Telfast 120 mg akut 1 x 1 Äußerlich: trocknende Zinkschüttelmixtur*

Hautprobleme

Erreger	Verdachtsdiagnose	Erstbehandlung
Pilze	Pilzinfektion	Beseitigung des feuchtwarmen Milieus, Äußerlich: Antimykotika (Lamisil® Creme 1 x tgl.)
keine	Ekzem	Beseitigung der Ursache; Äußerlich: Kortison (Emovate® Creme 2 x tgl.)
Bakterien	Eritrasma	Beseitigung des feuchtwarmen Milieus, Äußerlich: antimikrobielle Creme (Fucidine® Creme 2 x tgl.), keine Fettsalben!

einseitige Anordnung eines Nervensegmentes, selten mehrere	Gesicht, Genitalbereich
stecknadelkopf- bis reiskorngroß	stecknadelkopf- bis reiskorngroß
wasserhell	wasserhell
gruppiert auf rötlichem Grund	gruppiert auf rötlichem Grund
im Anfangstadium selten	im Anfangstadium öfter
starkes	selten
starke	gelegentlich
selten leicht erhöhtes Fieber	anfängliches Spannungsgefühl. Bei Befall der Genitalregionen gelegentlich örtl. angeschwollene und schmerzende Lymphknoten.
Viren	Viren
Gürtelrose (Zoster)	**Fieberbläschen** (Herpes simplex)
Innerlich: Antiphlogistika bei Schmerzen, Vitamin-B-Präparate und Zovirax® 5 x 1 tgl. Äußerlich: trocknende Zinkschüttelmixtur	Innerlich: bei Genitalregionenbefall und wiederholtem Auftreten an den Lippen Zovirax® 5 x tgl. Äußerlich: Glukokortikoide (Dermatop® Creme), bei Bläschenbildung trocknende Zinkschüttelmixtur mehrmals täglich

Besondere Situationen

Verschlucken von Fremdkörpern

Begriff

Fleischstücke, Spielzeug, Knochenstücke, Zahnprothesenteile u. Ä. sind in den Engen der Speiseröhre stecken geblieben. Das versehentliche Einatmen von Fremdkörpern nennt man Fremdkörperaspiration.

Krankheitszeichen

Fremdkörpergefühl im Hals, Druck und Stechen im Kehlkopfbereich und /oder hinter dem Brustbein. Beim Einatmen von Fremdkörpern entsteht Hustenreiz, evtl. sogar Luftnot bis hin zu Erstickungsanfällen.

Therapie

+ Beruhigung, gegebenenfalls mit Valium®
+ Lässt sich der Fremdkörper sehen, dann herausziehen.
+ Patient zum Husten auffordern.
+ Nicht jeder verschluckte Fremdkörper muss entfernt werden. Wenn Kinder z. B. Münzen oder kleine Kugeln verschluckt haben, kann die normale Passage durch den Körper abgewartet werden.
+ Bei spitzen Gegenständen oder bei eingeatmeten Gegenständen muss ein Arzt den Fremdkörper unter Sicht herausziehen.

Merke: Fremdkörper können die Speiseröhre durchstechen und so eine bedrohliche Infektion oder Ernsteres auslösen (sehr selten!).
+ Bei Fieber und Schmerzen bis zur Abklärung Antibiotika-Gabe.

+ Sollten Kinder Fremdkörper eingeatmet haben und Luftnot angeben, ist Folgendes zu tun:
● Legen Sie das Kind über Ihr Knie oder Ihren Unterarm. Der Oberkörper muss herabhängen. Mit der flachen Hand schlagen Sie bis zu fünf Mal maßvoll zwischen die Schulterblätter, um einen Hustenreflex auszulösen.
● Das Kind muss beruhigt und aufgefordert werden, ruhig und gleichmäßig zu atmen.

Besondere Situationen

✚ Bei schweren Erstickungsanfällen kann folgendes Manöver lebensrettend sein:
● Bringen Sie das Kind in Rückenlage.
● Knien Sie sich neben den Kopf des Kindes.
● Eine Hand wird auf die Stirn gelegt, die Fingerspitzen der anderen Hand dicht unter den Unterkiefer.
● Der Kopf des Kindes wird mit leicht angehobenem Kinn etwas nackenwärts gebeugt.

Vergiftungen und giftige Tiere

Vergiftungen

Begriff
Einnahme von giftigen Substanzen (z. B. beim Essen oder durch Unachtsamkeit).

Krankheitszeichen
Krankheitsgefühl, Übelkeit, Angst, Schmerzen.

Bedrohlichkeit:
Im Zweifelsfall ist die Bedrohung nicht abschätzbar und man muss mit dem Schlimmsten rechnen.

Therapie
✚ Wichtigste Therapie ist das Erbrechen! Dies jedoch nicht beim Bewusstlosen auslösen, da Erbrochenes sonst in die Lunge läuft! Auslösen durch Finger in den Mund, Gaumen kitzeln.
✚ Einnahme von lauwarmem Salzwasser (fünf Esslöffel Kochsalz auf einen Liter Wasser).
✚ Anschließend aufgelöste Aktivkohle in großen Mengen trinken.

Giftige Tiere

In warmen Ländern sind Skorpione weit verbreitet. Sie können mit dem Stich bedrohliche Mengen Gift einspritzen. Bei Spinnenbissen sind vor allem die großen Vogelspinnen gefährlich.

Die Angst vor Schlangenbissen ist weit verbreitet, aber die Wahrscheinlichkeit, auch nur eine Schlange zu sehen, ist recht gering. Schlangen haben Angst vor Menschen. Thailand und Australien sind die Länder mit den meisten Schlangenbisstoten in der Bevölkerung, aber wer hat schon von einem toten Touristen nach einem Biss gehört? Dennoch sollte das Risiko minimiert werden.

Vorbeugung

- ❏ **Meerestiere:** Schuhetragen, auch im Wasser. Keine unbekannten Tiere anfassen. Langsam und plantschend ins Wasser gehen.
- ❏ **Skorpione:** Kleidung und Schuhe nicht auf den Boden legen und auf jeden Fall vor dem Anziehen ausschütteln.
- ❏ **Schlangen:** Schauen, wo man hingeht und auch beim Klettern nicht in Hohlräume greifen, die man nicht einsehen kann. Kräftiges Auftreten, da Schlangen vibrationsempfindlich sind. Hohe Schuhe und lange Hosen bieten Schutz, da 90 % aller Schlangenbisse unter Knöchelhöhe erfolgen. Nachts nicht ohne Taschenlampe gehen.

Krankheitszeichen

Schwellung, Rötung um die Biss-/Stichstelle, Schmerzen, Anschwellen der gesamten Extremität, Absterben von Gewebe, Schock, Herz-Kreislauf-Stillstand, Atemstillstand.

Bedrohlichkeit

 Da im konkreten Fall die Gefährlichkeit nicht eingeschätzt werden kann, sollte immer von Lebensgefahr ausgegangen werden.

Therapie

Schlangen, Skorpione, Spinnen

- ✚ Aussehen des Tieres merken, da dies für die Auswahl des Gegengiftes wichtig sein kann. Es macht aber keinen Sinn, z. B. eine Giftschlange fangen zu wollen und weitere Bisse zu riskieren.
- ✚ Ruhig bleiben! Aufregung schadet. Die Hälfte der Schlangenbisse sind trockene Bisse, d. h. es wird kein Gift eingespritzt.

Besondere Situationen

✚ Kompression der betroffenen Gliedmaße durch breites Abbinden oberhalb der Bissstelle, bis der Puls nicht mehr fühlbar ist. Danach so weit lockern, bis der Puls wieder tastbar wird. Mit Kugelschreiber Abbindezeit auf die Haut schreiben, weil die Abbindung jede halbe Stunde für etwa 20 Sek. gelockert werden muss.

Das Abbinden wird kontrovers diskutiert und teilweise als überholt angesehen. In Einzelfällen, z. B. bei langer Wartezeit auf ärztliche Hilfe, kann das Abbinden hilfreich sein.

⚠ Sofortiger, liegender Transport zum Arzt, da Bewegung die Verteilung beschleunigt. Hier Entscheidung über Gegengift bzw. intensivmedizinische Maßnahmen.

✚ Es gibt zwar Antiseren, die gegen die allermeisten Schlangen der Region (z. B. Südafrika) schützen. Eine Mitnahme auf die Reise ist jedoch problematisch, da die Wirksamkeit ohne Kühlung schlecht absehbar ist und auch das Spritzen der Seren ein Risiko darstellt. Die Abwägung sollte dem Erfahrenen überlassen werden.

Quallen

Juckreizauslösend sind die Nesseln der Quallenoberfläche. Mit Essigwasser, zumindest aber mit Salzwasser und Handschuhen die betroffene Stelle abreiben, um die Nesseln zu entfernen. In den Tropen bietet sich zum Abreiben der Haut Zitronen- oder Papaya-Saft an.

Höhenkrankheit

Definition

Durch das Absinken des Luftdrucks mit zunehmender Höhe nimmt die Beladung der Sauerstoffträger im Blut ab. Dadurch entsteht eine Mangelversorgung der Organe. Der Körper reagiert mit einer Steigerung der Produktion der roten Blutkörperchen, das braucht aber Tage.

Krankheitszeichen

❑ **Akute Bergkrankheit** (Anstieg mehr als 2000 Höhenmeter/Tag): Kopfschmerzen, Schlafstörungen, Schwellung der Beine/Arme (Ödeme).

Bleibt man auf dieser Höhe, klingen diese Symptome nach ein bis zwei Tagen ab.

❑ In seltenen Fällen kommt es zu einer **Schwellung des Gehirns (Höhenhirnödem):** Gangunsicherheit, Übelkeit, Erbrechen, Wahnvorstellungen, Sehstörungen, Wachheitsstörungen.

❑ Ohne Vorwarnung durch die akute Bergkrankheit kann es zu einem **Höhenlungenödem** kommen (meist ab 3000 m Höhe): plötzlicher Leistungsabfall, Atemnot in Ruhe, Schnellatmen in Ruhe, blaue Lippen/Zunge, Husten, schaumiger Auswurf, Verschlechterung bei Nacht ist Leitsymptom.

⚠️ Höhenlungenödem und Höhenhirnödem sind akut lebensbedrohlich!

Vorbeugen

❑ Kein Nachtlager über 3000 m in den ersten 3 Tagen.
❑ Nicht mehr als 500 m Anstieg /Tag ab 3000 m Höhe.
❑ Schlafhöhe niedriger als Tageshöchsthöhe.
❑ Ruhetage bei Symptomen.
❑ Vorbeugen mit Diamox® 2 x 250 mg.

Therapie

Leichte Form (akute Bergkrankheit)
✚ Kein weiterer Aufstieg.
✚ Evtl. Medikamente (Diamox® 3 x 250mg).
✚ Wenn keine Besserung, am nächsten Tag absteigen und Anpassung abwarten.

Mittlere Form (Verdacht auf Lungen- / Hirnödem)
✚ Sofortiger Abstieg (500 m).
✚ Diamox® 3 x 250 mg.
✚ Sauerstoffgabe falls vorhanden.

Schwere Form (akute Atemnot, Koma)
✚ Evakuierung durch Helikopter oder Tragen in tiefere Regionen.
✚ Sauerstoffgabe.

Erfrierungen

Begriff

Im Prinzip umkehrbare Schädigung des Körpers durch Kälte. Die Abkühlung des gesamten Körpers mit Absinken der Körperkerntemperatur nennt sich Hypothermie.

Krankheitszeichen

❏ Warnsymptome sind das Kaltwerden von Körperteilen und ein Taubheitsgefühl in ihnen.
❏ Bei Hypothermie kommt es zu Schläfrigkeit, Bewusstseinsstörungen und Atemstillstand. Vorsicht: Hypotherme Personen können leicht für scheintot gehalten werden!
❏ Erfrierungen sind als kalte, weiße Stellen der Haut erkennbar. Diese sind im Gesicht, an den Ohren, den Armen und Beinen zu erwarten. Im weiteren Verlauf kommt es zur Schälung der Haut und zu Kälteblasen. Die Maximalform der Erfrierung ist die Frostgangrän, die bis zum Gliedmaßenverlust führen kann.

Vorbeugung

❏ Schutz gegen Nässe und Wind. Warme, mehrschichtige Kleidung.
❏ Handschuhe und Socken trocken halten.
❏ Warme Kopfbedeckung (großer Wärmeverlust über die Kopfhaut).
❏ Reichlich essen und trinken.

Therapie

✚ Erwärmung der betroffenen Stellen durch einen warmen Gegenstand oder Körperkontakt.
✚ Vorsichtige Erwärmung der betroffenen Stellen oder Gliedmaßen durch warmes Wasser. Beim Bein aber nur, wenn anschließend nicht mehr gelaufen werden muss (Schmerzen!).
✚ Schmerzbehandlung mit Diclofenac (Voltaren®), n. Bedarf 50 mg.
✚ Wenn möglich, reichlich warme Flüssigkeit trinken lassen.
✚ Raschestmöglich und erschütterungsfrei ins nächste Krankenhaus.

Anhang

Reise-Apotheke

Jeder, der auf eine große Reise geht, wird eine Reise-Apotheke mitnehmen. Bei unserer Auswahl an Medikamenten und Hilfsmitteln haben wir uns beschränken müssen. Natürlich gibt es auch andere und gute Antibiotika als das von uns genannte Ciprobay®. Da man aber auf einer Reise Platz- und Kostenprobleme hat, haben wir uns in unserer Empfehlung auf ein **Antibiotikum** beschränkt. Diese Beschränkung bedeutet auch, dass unsere Wahl nach den Kriterien medizinischer Lehrbücher nicht bei jeder einzelnen Krankheit die erste Wahl ist. Aber das Medikament Ciprobay® bietet die Möglichkeit, annähernd alle bakteriell bedingten Krankheiten behandeln zu können. In manchen Fällen kann das eine „Über-Therapie" sein. Auf diese wenigen Ausnahmen wird ausdrücklich hingewiesen. Zu beachten

Handelsname	Freiname	Substanzgruppe	Verscheibungsstatus
Aspirin®	ASS	Analgetikum	frei in Apotheken
Novalgin®	Metamizol	Analgetikum	rezeptpflichtig
Telfast (Salbe oder Tablette)	Fexofenadin	Antihistaminikum	rezeptpflichtig
Betaisodona®-Salbe	Polyvidon-Jod	Antiseptikum	frei in Apotheken
Voltaren®	Diclofenac	Antirheumatikum	rezeptpflichtig
Imodium®	Loperamid	Durchfallmittel	rezeptpflichtig
Paspertin®	Metoclopramid	bewegungs-beeinflussend	rezeptpflichtig
Antra® MUPS	Omeprazol	Ulkusmittel	rezeptpflichtig
Buscopan®	Butylscopol-aminiumbromid	Krampflöser	frei in Apotheken
Ciprobay®	Ciprofloxazin	Antibiotikum	rezeptpflichtig

ist auch die Wirksamkeitsschwäche von Ciprobay® bei ambulant erworbenen Lungenentzündungen.

Bei den **Schmerzmitteln** haben wir bewusst auf die so genannten „kleinen Schmerzmittel" gesetzt, da man als Reisender es sich sehr genau überlegen sollte, mit Präparaten aus der Gruppe der Morphine Grenzen zu überschreiten. Stärkere Schmerzmittel sind meist Abkömmlinge des Morphins und in Deutschland betäubüngsmittelpflichtig. Sollten im Reiseland Flupirtin (Katadolon®) oder Tramadol (Tramal®) problemlos erhältlich sein, sind sie bei starken Schmerzen, z. B. Herzinfarkt, sinnvoll.

Die unten stehende Auswahl nennt zehn Medikamente, die auf Reisen öfter zum Einsatz kommen können. Jedes dieser Präparate hat mehrere Einsatzmöglichkeiten, so dass man beim Mitführen dieser Präparate viele Standardsituationen in den Griff bekommen sollte.

Indikation	Dosierung	Nebenwirkungen
leichte Schmerzen	b. Bed. 500 mg	gastrointestinale Beschwerden bis zu Blutungen
stärkere Schmerzen	bis zu 4 x 1 g	Blutdruckabfall, Blutbildveränderungen
allergische Reaktionen	1 x 120 mg	Kopfschmerzen, Übelkeit
Wundbehandlung		Kontaktallergie
entzündlich bedingte Schmerzen von Gelenken und Weichteilen	150 mg	gastrointestinale Beschwerden bis zu Blutungen
Durchfall	bis zu 16 mg	selten Kopfschmerzen
Übelkeit, Brechreiz	3-4 x 10 mg	Müdigkeit, Kopfschmerzen, Schwindel, Dyskinesie
Gastritis, Ulkus, Sodbrennen	20-40 mg/Tag	Durchfall
Koliken	3-5 x 10 mg	Unruhe, Mundtrockenheit, nicht bei grünem Star
Infektionen	variabel	zahlreich

Anhang

Benannt sind jeweils ein deutscher Handelsname (zahlreiche Präparate werden unter verschiedenen Handelsnamen vermarktet), der eher chemisch orientierte Freiname, die Substanzgruppe, die Indikation, die Standdosierung, der Verschreibungsstatus (in Deutschland) und die Hauptnebenwirkungen. Hierbei muss berücksichtigt werden, dass viele Präparate, die in Deutschland rezeptpflichtig sind, in anderen Ländern frei in der Apotheke verkauft werden. Dort sind sie oft deutlich billiger. Es ist also ratsam, seinen Medikamentenvorrat im Ausland zu ergänzen.

In dieser Übersicht wurde den Schmerzmitteln ein großer Stellenwert eingeräumt. Man sollte mindestens ein Mittel für leichte und eines für stärkere Schmerzen mitnehmen. Unbedingt in die Reiseapotheke gehört ein Durchfallmittel. Bei gleichzeitigem Brechreiz sollte Imodium® lingual der Vorzug gegeben werden.

Die Reise-Apotheke sollte darüber hinaus enthalten:
❏ Verbandsmaterial (Pflaster, Kompressen und Binden).
❏ Ein Fieberthermometer, eine Schere und eine Splitterpinzette.
❏ Vergessen Sie die Antimalariamittel nicht.
❏ Und denken Sie an eine Sonnenbrille und das Sonnenschutzmittel (Lichtschutzfaktor so hoch wie möglich).
❏ Wer eine Expedition unternehmen will, sollte an die Trinkwasserdesinfektion (Micropur®) denken.
❏ Bei Touren durch die Anden oder im Himalaja sollte ein Mittel gegen Höhenkrankheit (Diamox®) mitgenommen werden.

Zu den **Risiken und Nebenwirkungen** bei der Einnahme von Medikamenten verweisen wir auf die Beipackzettel. Jede Gabe von Medikamenten ist eine Abwägung zwischen dem Nutzen und den möglichen Nebenwirkungen. Man muss aber bei allen Überlegungen auch in Rechnung stellen, dass im Katalog möglicher Nebenwirkungen auch minimale Risiken erwähnt werden, da die Pharma-Hersteller sich rechtlich absichern wollen.

Notrufnummern, Rückholdienste

Deutschland

- **Arbeiter Samariterbund Deutschland e.V.,** Sülzburgerstr. 140, 50937 Köln, Tel. +49 (221) 47 60 50
- **Malteser Hilfsdienst,** Kalker Hauptstr. 22–24, 51103 Köln, Tel. +49 (221) 98 22 01
- **Johanniter Unfallhilfe,** Auslandsrückholdienst, Frankfurter Str. 666, 51107 Köln, Tel. +49 (221) 89 10 89
- **DRK-Flugdienst,** Friedrich-Ebert-Allee 71, 53113 Bonn, Tel. +49 (228) 23 00 23
- **Deutsche Rettungsflugwacht e.V.,** Echterdinger Str. 89, 70794 Filderstadt, Tel. +49 (711) 700 70
- **ADAC e.V.,** Ambulanzdienst, Am Westpark 8, 81373 München, Tel. +49 (89) 76 76 76

Österreich

- **Rotes Kreuz – Bezirksstelle Wiener Neustadt,**
  Corvinusring 14-18, 2700 Wiener Neustadt, Tel. werktags +43 (26 22) 2 26 00–73, Wochenende +43 (26 22) 2 26 00-0. Dieser Rückholdienst benutzt vorzugsweise umgerüstete RTW, auch ein Rettungshubschrauber ist im Einsatz.
- **IFRA, Internationaler Flugrettungsdienst Austria,**
  Mitteraustraße 7, 3500 Krems, Tel. +43 (27 32) 8 25 61, Fax +43 (27 32) 8 51 01. Weltweiter Rückholdienst, eine Mitgliedschaft ist erforderlich.

Schweiz

- **Grünes Kreuz,** Danninger, Marktring 5, CH-8522 Gr. St. Florian, Tel. +41 (34 64) 22 47 bzw. +43 (31 85) 21 44. Rückholdienst mit RTW, vorzugsweise Europa.
- **Schweizerische Rettungsflugwacht Rega,** Rega-Center, Postfach 1414, CH-8058 Zürich-Flughafen, Tel. +41 (333) 33 33 33

Körperschemata

Das menschliche Skelett

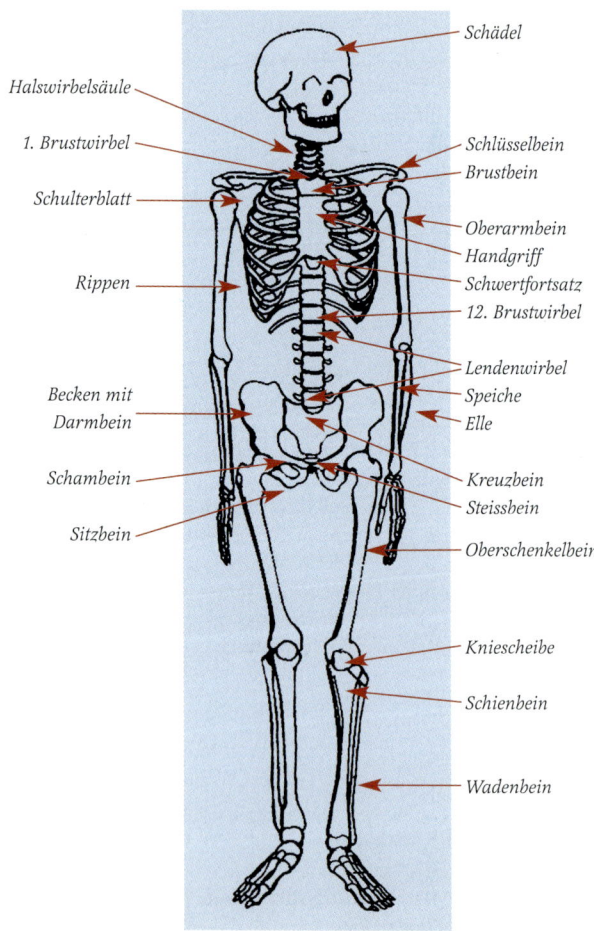

Schädel

Halswirbelsäule

1. Brustwirbel

Schulterblatt

Rippen

Becken mit
Darmbein

Schambein

Sitzbein

Schlüsselbein

Brustbein

Oberarmbein

Handgriff

Schwertfortsatz

12. Brustwirbel

Lendenwirbel

Speiche

Elle

Kreuzbein

Steissbein

Oberschenkelbein

Kniescheibe

Schienbein

Wadenbein

Innere Organe und Verdauungsorgane

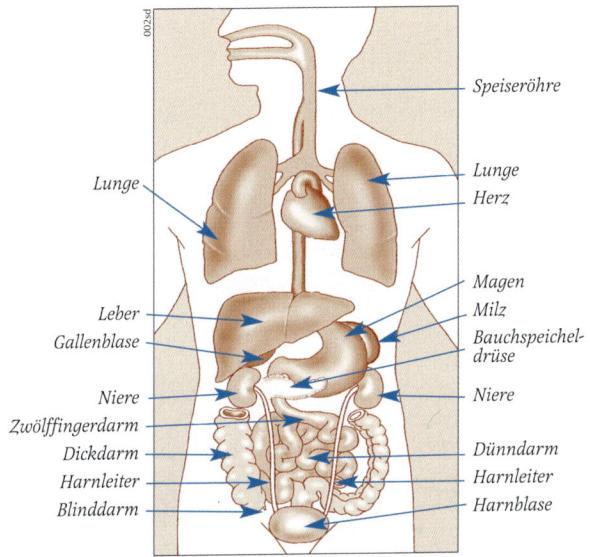

Speiseröhre

Lunge

Lunge
Herz

Leber
Gallenblase

Magen
Milz
Bauchspeichel-
drüse

Niere

Niere

Zwölffingerdarm
Dickdarm
Harnleiter
Blinddarm

Dünndarm
Harnleiter
Harnblase

Anhang

Medizinische Begriffe mehrsprachig

Da viele Ärzte, auch in der Dritten Welt, ihre Ausbildung in europäischen Ländern oder in Amerika absolviert haben, werden die medizinischen Begriffe in der Tabelle in Deutsch, Englisch, Französisch, Spanisch und Lateinisch eine Verständigungshilfe sein.

Eine Entzündung ist eine -itis, d. h. man hängt an den Begriff „itis" an und erhält die betreffende Entzündung (Rippenfell = pleura; Rippenfellentzündung = pleuritis).

MEDIZINISCHE BEGRIFFE

Deutsch	Medizin-Latein / Englisch / Französisch / Spanisch
Allergie	allergie / allergy / allergie / alergia
Angst	anxietas / fear / peur / miedo
Apotheke	apotheca / pharmacy / pharmacie / farmacia
Arm	brachium / arm / bras / brazo
Arterie	arteria / artery / artère / arteria
Arzt	medicus / physician / medicien / médico
Asthma	asthma / asthma / asthme / asma
Atmung	respiratio / breathing / respiration / respiratión
Auge	bulbus optici / eye / œil / ojo
Auswurf	sputum / expectoration / expectoration / expectoratión
Bauch	abdomen / stomach / estomac / estómago
Bauchfellentzündung	peritonitis / peritonitis / peritonite / peritonitis
Bauchkrämpfe	koliken / colic / colique / cólico
Bauchspeicheldrüse	pankreas / pancreas / pancréas / páncreas
Bauchwassersucht	ascites / ascites / ascite / ascitis
Becken	pelvis / pelvis / pelvis / pelvis
Bein (Oberschenkel)	femur / thigh / cuisse / pierna
(Unterschenkel)	tibia / lower leg / jambe / pierna
Bewusstlosigkeit	koma / unconciousness / inconscience / desmayo
Biss	morsus / bite / morsure / mordedura
Blase	vesica / vesicle / vésicule / vesícula
Blaue Lippen, Blausucht	zyanose / cyanosis / cyannose / cianosis
Blinddarm-entzündung	appendicitis / appendicitis / appendicite / appendicitis
Blut	sanguis / blood / sang / sangre
Blutarmut	anämie / anemia / anémie / anemia
Blutdruck	tensio / blood pressure / tension arterielle / presión sanguíneo
Bluterbrechen	hämatemesis / blood vomiting / hématémèse / hamatemesis
Bluterguss	hämatom / hematoma / hématome / hematoma
Bluthochdruck	hypertonie / hypertension / hypertension / hipertensión
Blutung	haemorrhagia / bleeding / saignement / hemorrgia
Bronchien	bronchus / bronchus / bronche / bronquio
Bronchitis	bronchitis / bronchitis / bronchite / bronquittis
Brust	thorax / chest / poitrine / pecho
Darm	intestinum / bowel / intestin / intestino

MEDIZINISCHE BEGRIFFE

Deutsch	Medizin-Latein / Englisch / Französisch / Spanisch
Darmverschluss	*ileus / ileus / iléus / íleo*
dauernd	*manens / continuous / continuel / continuo*
Delir	*delirium / delirium / délire / delirio*
Dickdarm	*colon / colon / gros intestin / intestino grueso*
Dünndarm	*duodenum, ilium / small intestine / intestin grêle / intestino delgado*
Durchfall	*diarrhoe / diarrhea / diarrhée / diarrea*
Eierstöcke	*ovar / ovary / ovaire / ovario*
Embolie	*embolus / embolus / embolus / émbolo*
Enddarm	*anus / anus / anus / ano*
Erbrechen	*emesis / vomiting / vomissement / vómito*
Erkältung	*perfrictio / cold / froid / frigo*
essen	*edere / to eat / manger / comer*
Fieber	*temperatur / fever / fièvre / fiebre*
Finger	*digitum / finger / doigt / dedo*
fühlen	*sentire / to feel / éprouver / sentir*
Fuß	*pedes / feet / pied / pie*
Gallenblasen- entzündung	*Cholecystitis / cholecystitis / cholécystite / colecistitis*
gefährlich	*periculosus / dangerous / dangereux / peligroso*
Gehirn	*cerebrum / brain / cerveau / cerebro*
Gelbsucht	*ikterus / icterus, jaundice / ictère / ictericia*
Geschwulst	*tumor / tumor / tumeur / tumor*
gesund	*sanus / healthy / sain / sano*
Gips	*gypsum / plaster / plâtre / escayola*
Hals	*collum / throat / gorge / cuello*
Hand	*manum / hand / main / mano*
Harnröhre	*urethra / urethra / urètre / uretra*
Haut	*cutis / skin / peau / piel*
Hautausschlag	*exanthem / exanthema / exanthéme / exantema*
Herz	*cor / heart / cœur / corazón*
Herzenge	*angina pectoris / angina pectoris / angine de poitrine / angina pectoris*
Herzinfarkt	*myokardinfarkt / cardiac infarction / infartus du myocarde / infarto del myocardio*
Hilfe	*auxillium / help / aide / socorro*
Hirnhautentzündung	*meningitis / meningitis / méningite / meningitis*

MEDIZINISCHE BEGRIFFE

Deutsch	Medizin-Latein / Englisch / Französisch / Spanisch
Hoden	testis / testiscle / testicule / testículo
Hören	audire / to hear / audire / escuchar
Husten	tussis / cough / toux / tos
Juckreiz	pruritus / itch, pruritus / prurit / prurito
Kiefer	mandibula / jaw / mâchoire / mandíbula
Knie	genu / knee / genou / rodilla
Knochen	os / bone / os / hueso
Knochenbruch	fractur / fracture / fracture / fractura
Kopf	caput / head / tête / cabeza
Kopfschmerzen	cephalgia / headache / màla tête / dolor de cabeza
krank	invalidus / sick / malade / enfermo
Krankenhaus	hospitium / hospital / hôpital / hospital
Leber	hepar / liver / foie / hígado
Leberentzündung	hepatitis / hepatitis / hépatite / hepatits
liegen	iacere / to lay / coucher / estar
Luft	pneumo / air / air / aire
Luftnot	dyspnoe / dyspnoea / dyspnée / disnea
Luftröhre	trachea / trachea / trachée / tráquea
Lunge	pulmo / lung / poumon / pulmón
Lungenent-zündung	pneumonie / pneumonia / pneumonie / disnea pneumonia
Magen	venter / stomach / estomac / estómago
Malaria	malaria / malaria / malaria / malaria
Medikament	medicamentum / drug / médicament / medicina
Milz	lien / spleen / splén / bazo
Mund	os / mouth / bouche / boca
Muskel	musculus / muscle / muscle / músculo
Nacken	nucha (arab.) / neck / nuque / nuca
Nase	nasum / nose / nez / nariz
Nasenbluten	epistaxis / nasal bleeding / épistaxis / epistaxis
Nerv	nervus / nerve / nerf / nervio
Nieren	ren / ren, kidney / rein / riñón
Nierensteinleiden	nephrolithiasis / nephrolithiasis / néphrolithiasis / nefrolitiasis
Ödem	oedem / edema / œdème / edema
Ohnmacht	synkope / syncope, faint / syncope / Síncope
Ohren	auris / ear / oreille / oreja

MEDIZINISCHE BEGRIFFE

Deutsch	Medizin-Latein / Englisch / Französisch / Spanisch
Penis	penis / penis / penis / pene
Pflaster	emplastrum / plaster / emplàre / emplastro
Regelblutung	menses / mestruation / menstrues / menstruación
riechen	olfacere / to smell / sentir / oler
Rippen	costa / rib / còte / costilla
Rippenfell-entzündung	pleuritis / pleurisy / pleurésie / pleuresia
rote Blutkörperchen	erythrozyten / erythrocites / érythrocytes / eritrocitos
Rötung	erythem / erythema / erythème / eritema
Rücken	dorsum / back / dos / espalda
Scheide	vagina / vagina / vagin / vagina
schlafen	dormire / to sleep / dormir / dormir
schlucken	singultare / to swallow / avaler / tragar
Schlund	pharynx / pharynx / faringe / faringe
schmecken	gustare / to taste / goúter / saber
Schmerz	dolor / pain / douleur / dolor
Schmerzmittel	analgetikum / pain killer, analgesic / analgesique / analgésico
Schwindel	vertigo / vertigo, dizziness / vertige / vértigo
Speiseröhre	oesophagus / oesophagus / oesophage / esófago
Teerstuhl	melaena / melaena ,tarry stool / mélœna / melena
Tod	mors / death / mort / muerte
trinken	potare / to drink / boire / beber
Unfall	accidens / accident / accident / accidente
ungefährlich	non periculosus / harmless / inoffensif / inofensivo
Untersuchung	examen / examination / visite / reconocimiento
Vene	vena / vein / veine / vena
Verband	ligamentum / plaster / bandage / vendaje
Vergiftung	intoxicatio / intoxication / intoxication / intoxicación
Verstopfung	obstipation / constipation / constipation / obstipatión
Verwirrtheit	confusio / confusion / confusion / confusión
Wirbelsäule	columna vertebralis / vertebral column / colonne vertebrale / columna vertebral
Wunde	vulnus / wound / blessure / herida
Zahn	dens / tooth / dent / diente
Zuckerkrankheit	diabetes mellitus / diabetes mellitus / diabète / diabetes
Zunge	lingua / tongue / langue / lengua

Anhang

Internet-Adressen

- **www.die-reisemedizin.de** – Umfassendes reisemedizinisches Portal mit ländergegliederten Informationen, Ratschlägen zur Erkrankungsprophylaxe und Behandlung.
- **www.travelmed.de** – Umfassendes Portal mit gut gegliederten, aktuellen Länderinformationen, laienverständlichen Krankheits-Infos sowie Listen reisemedizinisch beratender Ärzte und Apotheker.
- **www.crm.de** – Inhalt identisch mit Travelmed.de, kostenpflichtiger Reisegesundheits-Brief.
- **www.fit-for-travel.de** – Sehr umfangreiches reisemedizinisches Portal mit Länder- und Krankheitsinformationen, aber auch Informationen zu Flughäfen, Fluggesellschaften, Essen & Trinken. Geschützter Bereich für Ärzte.
- **www.gesundes-reisen.de** – Site des Tropeninstituts Hamburg, jedoch nur allgemeine Länderinformation mit Verweis auf die Notwendigkeit einer individuellen (kostenpflichtigen) Beratung.
- **www.cdc.gov/travel** – Sehr umfassende englischsprachige Informationen zu Krankheiten, Ländern, Reisen mit Kindern, Medikamenten, Prophylaxe etc.
- **www.osir.ch** – Ebenfalls umfangreiches reisemedizinisches Portal, wegen zahlreicher Einrückungen und Schrifttypen jedoch etwas anstrengend zu lesen.

Literaturhinweise

- Kretschmer, H., Kusch, G., Scherbaum, H. (Hg.): **Reisemedizin. 1. Aufl. 1999.** Umfassendes Lehrbuch der Reisemedizin, in vielen Abschnitten auch von medizinischen Laien lesbar.
- Werner, D.: **Wo es keinen Arzt gibt.** Reise Know-How Verlag, 1999, 8. Aufl. Der „Klassiker" unter den reisemedizinischen Selbsthilfebüchern. In der handlichen deutschsprachigen Ausgabe mit nützlichem Anhang für Fernreisende.
- Hoffmann-La-Roche AG/Urban&Schwarzenberg (Hg.): **Roche Lexikon Medizin.** Urban&Schwarzenberg Verlag, 4. Aufl. 1998.
- Döring, H.: **Ärztlicher Ratgeber für den Aufenthalt in den Tropen (Reflektierte Praxis),** 3. Aufl. 1998.
- Goldstein, R.: **Reisemedizin in der Praxis, Kompendium für die reisemedizinische Beratung.** ecomed Umweltinformation. 2., aktualis. u. erw. Aufl. 2000. Das Buch wendet sich an Hausärzte, die reisemedizinische Beratungen durchführen. Viele Informationen sind aber auch für den Laien brauchbar.
- Hermle-Geibel, B.: **Gesund reisen, gesund heimkommen!** Mit Checkliste Reiseapotheke (Erlebnis Gesundheit). 2000. Kurzer Ratgeber für den medizinischen Laien. Vorbeugung, Krankheits- und Länderinformationen.
- Laer, G.: **Gesundheit und Alltag in den Tropen – Ärztliche Ratschläge für Langzeitaufenthalte von Erwachsenen und Kindern in den Tropen und in warmen Ländern.** 1995. Das Buch enthält Informationen für Leute, die ihren Lebensmittelpunkt vorübergehend oder dauerhaft in warme Gefilde verlagern wollen.
- Nehberg, R.: **Medizin Survival – Überleben ohne Arzt.** 1. Aufl. 1998, München, Piper. Das Buch enthält eine Fülle unterschiedlich seriöser Ratschläge, wendet sich in Teilen vorwiegend an den Abenteuerreisenden.
- Weiß, W.: **Der medizinische Ratgeber für Reisende. Handbuch und Reisebegleiter. Leitfaden und Nachschlagewerk.** medicglobe. 2., aktualis. Aufl. 1999. Handbuch und Nachschlagewerk der Reisemedizin für den Laien. Zum Mitnehmen fast zu umfangreich.
- Wirth, A.: **Erste Hilfe unterwegs,** Reise Know-How Verlag, 1. Aufl. 2000. Handlicher, gut gestalteter Ratgeber mit Schwerpunkt Verletzungshilfe und Versorgung.

Anhang

Alle Reiseführer auf einen Blick

Reisehandbücher

Urlaubshandbücher

Reisesachbücher

Rad & Bike

Reise Know-How

Alle Reiseführer auf einen Blick

Praxis

All Inclusive
Canyoning
Daoismus erleben
Dschungelwandern
Essbare
  Früchte Asiens
Fernreisen
  auf eigene Faust
Fernreisen mit dem
  eigenen Fahrzeug
Fliegen ohne Angst
GPS Outdoor-
  Navigation
Hinduismus erleben
Höhlen erkunden
Inline-Skaten
  Bodensee
Inline Skating
Islam erleben
Kanu-Handbuch
Kreuzfahrt-
  Handbuch
Küstensegeln

Orientierung
  mit Kompass
  und GPS
Reisefotografie
Reisefotografie digital
Reisen und Schreiben
Respektvoll reisen
Richtig Kartenlesen
Schutz vor Gewalt
  und Kriminalität
Schwanger reisen
Selbstdiagnose und Be-
  handlung unterwegs
Sicherheit im und
  auf dem Meer
Sonne, Wind
  und Wetter
Survival-Handbuch,
  Naturkatastrophen
Tauchen in kalten
  Gewässern
Tauchen in warmen
  Gewässern
Transsib – von Moskau
  nach Peking
Trekking-Handbuch
Vulkane besteigen
Wein Guide
  Deutschland
Wildnis-Ausrüstung
Wildnis-Backpacking
Wildnis-Küche
Winterwandern
Wracktauchen

Edition RKH

Burma – Reisen
  im Land der Pagoden
Finca auf Mallorca
Geschichten aus dem
  anderen Mallorca
Goldene Insel
Mallorquinische Reise
Please wait to be seated!
Salzkarawane, Die
Schönen Urlaub!
Südwärts durch
  Lateinamerika

KulturSchock

Ägypten
Brasilien
China
Golf-Emirate, Oman
Indien
Iran
Islam
Japan
Marokko
Mexiko
Pakistan
Russland
Spanien
Thailand
Türkei
Vietnam

Wo man unsere Reiseliteratur bekommt:

Jede Buchhandlung in der BRD, der Schweiz, Österreichs und in den Benelux-Staaten kann unsere Bücher beziehen. Wer trotzdem keine findet, kann alle Bücher über unseren Internet-Shop unter **www.reise-know-how.de** oder **www.reisebuch.de** bestellen.

Register

Anhang

Anhang

Anhang

MEDIZINISCHE HILFE UNTERWEGS

David Werner
Wo es keinen Arzt gibt

- **Medizinisches Grundwissen für Reisen in die Dritte Welt**
- **Diagnose und Behandlung:** Tropen-, Haut- und Augenkrankheiten, Zahnprobleme, Erkrankungen von Blase, Genitalien usw.
- **Erste Hilfe:** Was tun bei Fieber, Schock, Ohnmacht, Unfällen, Hitzeschäden? Behandlung von Wunden, Knochenbrüchen, Verrenkungen, Vergiftungen, Bissen, Transport von Verletzten

Armin Wirth
Erste Hilfe unterwegs
Effektiv und praxisnah

- **Grundlagen der Ersten und Zweiten Hilfe** speziell für Reisende, Outdoorsportler und Expeditionen
- Tipps zur **Vorbereitung** auf die Reise und zur **Prävention** von Unfällen
- **Übersichtliche Diagnoseschemata** zum schnellen Erkennen der Schädigung oder Krankheit
- Vorgehensweise für **alle häufigen und bedrohlichen Schädigungen und Krankheiten** von Angina Pectoris über Erfrierungen, Wärmeprobleme und Höhenkrankheit bis Zyanose

REISE KNOW-HOW Verlag, Bielefeld

Über die Autoren

Dr. Bruce-Michael Dürfeld (geb. 1955) ist als Internist und Gastroenterologe in einer großen Abteilung eines Essener Krankenhauses als Oberarzt tätig. Jahrelange Erfahrung als Notarzt und Intensivmediziner haben ihn immer wieder mit Notfallsituationen konfrontiert. Seine als Aus- und Weiterbilder für Studenten und Ärzte geschulte Fähigkeit, komplexe Sachverhalte einfach darzustellen, kamen ihm bei der Realisierung dieses Buchprojektes ebenso zu Gute wie umfangreiche Reiseerfahrungen in Südostasien.

Eckhard Rickels (geb. 1954) ist Neurochirurg und Professor an der Medizinischen Hochschule Hannover. Neben der Tätigkeit als Operateur ist er Intensivmediziner und kümmert sich insbesondere um Kranke mit Hirnblutungen und schweren Schädel-Hirn-Verletzungen. Er fuhr jahrelang als Notarzt und vertritt heute das Fachgebiet Neurochirurgie in verschiedenen wissenschaftlichen Organisationen, die sich mit der Rettung von Unfallopfern, ihrer Versorgung am Unfallort und ihrer Behandlung in der Klinik sowie in Rehabilitationszentren befassen.

Auf seinen umfangreichen Reisen, insbesondere in Ostasien und Afrika, hat er immer wieder Gelegenheit gehabt, kranken Urlaubern zu helfen. Nach einem schweren Verkehrsunfall in Namibia, bei dem seine Ehefrau lebensgefährlich verletzt wurde und ärztliche Hilfe in näherer und weiterer Umgebung nicht zu bekommen war, stellte sich die Frage, wie Nicht-Medizinern zu helfen ist, mit einer derartigen Notsituation umzugehen. Daraus entstand die Idee zu diesem Buch zur Selbsthilfe für Laien.